U0646840

戏曲讲堂

主编　张晓华　王汉伟

河南省中小学
戏曲教学课例选编

副主编

马莲花　刘　音　郑小艳　刘栋占　宋瑞敏　赵海燕　杨　华

张金华　路建红　赵　炜　张靓洁　王劲勋　胡涵愫　张教贺

河南文艺出版社
· 郑州 ·

图书在版编目（CIP）数据

戏曲讲堂. 河南省中小学戏曲教学课例选编/张晓华等主编. --郑州:河南文艺出版社,2022.6
ISBN 978-7-5559-1286-6

Ⅰ.①戏… Ⅱ.①张… Ⅲ.①戏曲教育-课堂教学-教学研究-中小学-河南 Ⅳ.①G633.951.2

中国版本图书馆 CIP 数据核字(2022)第 087909 号

策　　划	薛冠华　王汉伟
责任编辑	张雨薇
责任校对	赵红宙
书籍设计	吴　月

出版发行	河南文艺出版社
本社地址	郑州市郑东新区祥盛街 27 号 C 座 5 楼
承印单位	河南瑞之光印刷股份有限公司
经销单位	新华书店
纸张规格	787 毫米×1092 毫米　1/16
印　　张	15.75
字　　数	244 000
版　　次	2022 年 6 月第 1 版
印　　次	2022 年 6 月第 1 次印刷
定　　价	49.00 元

版权所有　盗版必究
图书如有印装错误，请寄回印厂调换。

印厂地址　河南省武陟县产业集聚区东区（詹店镇）泰安路
邮政编码　454950　　电话　0371-63956290

目 录

课例音频

都有一颗红亮的心

（二年级）

授课教师：李丹（驻马店）

单位：驻马店市第三小学

一、教材分析

《都有一颗红亮的心》是现代京剧《红灯记》中的一个唱段，［西皮流水］唱腔，加上念白和亮相，充分表现出了剧中人物形象李铁梅天真、聪明伶俐的特点。

二、教学思路

京剧是我国的国粹，作为老师，有义务把它介绍给学生。本课在欣赏唱段的基础上，加入了部分京剧知识的了解，让学生在学习京白和亮相的同时，激发他们的学唱兴趣。

三、教学目标

（一）通过聆听，使学生感受京剧的唱腔美、表演美。

（二）通过讲解，使学生对京剧的基础知识加以了解。

（三）通过戏曲模唱、念白以及亮相动作的学习，培养学生对京剧表演的兴趣，激发学生的民族自豪感。

四、教学重点

初步了解京剧知识，感受京剧之美。

五、教学难点

京剧念白和亮相。

六、教具准备

多媒体、板书字条、自制小红心。

七、教学难点"念白"的突破

用层层递进的引导方法：

（一）北京话与河南话的对比。

（二）没有感情色彩的念白和有感情色彩的念白作对比，使学生快速直观地感受到什么是富有感情色彩的"京味"念白。

八、教学过程

（一）师生问好。

（二）新课导入。

请同学们观看一段视频。问在视频中看到了什么？听到了什么？（放视频）

（三）教授新课。

1. 教师范唱，引出课题。

师唱《都有一颗红亮的心》。（放音频）

2. 传统京剧和现代京剧的区分。

根据演员服装的不同，我们把京剧分成两大类。穿古代服装表演的京剧叫作传统京剧，穿现代服装表演的京剧叫作现代京剧。（放剧照）

（板书：现代京剧、传统京剧）

3. 介绍〔西皮〕〔二黄〕。

铁梅的性格是从她这段唱腔的特点和铁梅的情绪中表现出来的。了解京剧的两种主要的唱腔。（放图片）

问铁梅的这段唱腔应该是哪一种？

这段〔西皮〕唱腔表现出了铁梅活泼开朗、刚柔并济的性格特点。

4. 了解"唱念做打"。

（放图片）

向学生介绍"唱念做打"。

同学们仔细欣赏《都有一颗红亮的心》，找出铁梅的这段表演都用了哪几种基

本功。（放视频）

5. 学习念白。

（放图片）念白：奶奶，您听我说！

老师用京白和豫剧念白念"奶奶，您听我说"，请同学们找出它们的不同之处。

再用没感情的念白和有感情的念白让学生区分哪一种是铁梅的念白。

反复练习后，挑出念得好的同学上台展示。提示注意"您、我、说"几个字的字头字尾的发音。

6. 学习亮相动作。

示范亮相动作，指导学生做亮相。提示学生眼神、表情和动作的配合，让学生两人一组互相学习纠正动作。（放音频）挑选做得好的学生在讲台上当小老师，带领学生一起做动作。

7. 聆听模仿唱段。

问在这段唱腔中，哪一句最能表现出小铁梅的聪明和伶俐？（放视频）

教唱，突出"能"和"猜"两个字的感情色彩。

老师鼓励学生加上动作和表情。

（四）总结回顾所学知识。

师生共同回顾所学知识。

（五）拓展延伸，布置作业。

老师带来一段戏曲联唱送给大家，向学生推荐地方戏曲。

让学生在课下搜集一些戏曲视频来学习欣赏，把今天学习的这段《都有一颗红亮的心》唱给爸爸妈妈听。

（六）下课，师生道别。

同学们这么喜欢戏曲，相信我们的民族艺术一定能在你们身上发扬光大！同学们，再见！

（七）教学反思。

1. 以审美为核心的理念贯穿教学的全过程，通过对戏曲唱段的聆听、感悟、表现，使学生产生情感共鸣。

2. 充分挖掘和运用教材，把京剧小常识和基本技能有机地渗透到唱段的审美体验教学中。

3. 激发了学生对戏曲的兴趣和爱好。

4. 教师以饱满的状态，用自己的范唱、表情、语言、动作，将唱段的情感传达给学生，使学生获得审美的愉悦。

思考与实践

一、对照音频课例，你认为本节课的优缺点在哪里？请给予客观评价。

二、总结本节课例值得学习的地方，并将其融入自己的教学实践中展示给学生。

课例音频

都有一颗红亮的心

（二年级）

授课教师：谢东霞（焦作）

单位：焦作市学生路小学

一、教学内容

欣赏现代京剧《红灯记》选段《都有一颗红亮的心》。

二、教材分析

二年级学生刚刚接触京剧，编者从拓宽学生音乐视野、了解京剧的相关知识入手，激发他们的学习兴趣，去热爱、关心中国传统艺术。

三、学情分析

二年级学生思维活跃，表现力强，有较高的学习热情；有基本的音乐素养，能够随音乐哼唱歌曲旋律；喜欢参与各种音乐实践活动，在表演上有一定表现力，乐于在公众面前展示自己。

四、教学目标

（一）能在自主学习中体验成功与快乐，能通过观看、聆听的方式初步了解京剧的相关文化和京剧的唱腔特点，体验现代京剧这一传统戏曲的艺术魅力，激发对京剧的兴趣，为今后接受和喜爱京剧打下基础。

（二）在模仿和表演等富有创造性的音乐活动中完成唱段前两句的学唱。

（三）通过唱、念、做、打等方式进行京剧行当的学习和表演，了解传统艺术中所蕴涵的道德观、价值观、做人的原则和应具有的美德，培养学生对京剧这种传统艺术文化的热爱；能准确演唱《都有一颗红亮的心》的前两句，并将力度变化和京剧的神韵表现出来；念一句京白，做一个亮相，表现出京剧的独特韵味。

五、教学重点难点

重点：利用信息技术手段进行学习，了解、掌握京剧的起源和行当等相关知识。

难点：通过唱念做打多种方式的学习，掌握花旦唱腔身段的特点，学习京剧中的念白、唱段前两句及亮相的精髓。

六、作业要求

让学生把今天学到的内容表演给最喜欢的人看。

七、教具准备

多媒体、钢琴。

八、教学过程

（一）创设情境，初步感受。

1. 用京剧念白方式问好，以奇促趣，引出念白。

师：同学们，欢迎大家来到我的音乐课堂，今天老师换个方式问好，请认真听。

师：同学们，你——听——我——说！同学们——好！

师：同学们，你能用老师的方式来问好吗？

生：（老师——好！）

师：今天老师的问好与平时有什么不同？感觉像什么？

生：（答）

师：这就是京剧的念白，也就是京剧舞台上人物说话的方式。

2. 通过图片中人物的穿着区分"现代京剧"和"传统京剧"。

师：京剧分为传统京剧和现代京剧，我们把穿古代服装表演古代故事的叫传统京剧，穿现代服装表演现代故事的叫现代京剧。

设计意图：用京剧的方式问好，激发学生的好奇心，让学生了解传统京剧和现代京剧，为进一步了解京剧做铺垫。

（二）探究新知，导入新课。

1. 老师演唱主人公李铁梅的唱段，让同学们欣赏。

师：刚才老师演唱的这个唱段属于传统京剧还是现代京剧？

生：（现代京剧。）

师：它是现代京剧《红灯记》中的唱段《都有一颗红亮的心》，今天请你们跟老师一起感受一下现代京剧《红灯记》中的这个唱段。

设计意图：通过老师的现场演唱，加深对传统京剧和现代京剧的认识，从而引出本课课题《都有一颗红亮的心》。

2. 了解京剧起源，通过游戏形式熟悉京剧四大行当和旦角角色的划分。

师：接下来让我们一起了解京剧的起源和发展！

（师生观看京剧方面的视频）

师：京剧真是历史悠久、博大精深！受到很多外国人的喜爱，被他们称为"东方歌剧"。

师：京剧根据人物的性别、职业、性格等划分为四大行当，分别是：生、旦、净、丑。

师：接下来我们来做个音乐小游戏，请同学们来猜一猜下面四位属于京剧四大行当中的哪个行当？请听好了。（老师说，学生猜）

（1）爱干净的男性，脸上略施油彩。（生）

（2）是一位女性，穿着一般比较俏丽。（旦）

（3）满脸都涂着油彩，又叫大花脸。（净）

（4）又叫小花脸，在眼窝和鼻梁处涂了豆腐块的油彩。（丑）

（生回答）

师：接下来我们来猜猜旦角的角色有几种，旦角的角色也分为好几种，今天老师只请来了四位，她们是青衣、花旦、老旦、武旦，请听好了：

（1）舞台上舞刀弄枪侧重表演的人。（武旦）

（2）年龄比较大的老奶奶。（老旦）

（3）有身份地位的大家闺秀。（青衣）

（4）花季少女、小姑娘。（花旦）

（生回答）

师：真棒，那刚才老师演唱的女主人公李铁梅属于四大行当中的什么？（旦角）旦角中的？（花旦）

设计意图：根据低年级学生的年龄特点，通过让学生看视频、做游戏，让学生在有趣的游戏中不知不觉认识、熟悉京剧四大行当和四位旦角，清楚小铁梅是旦角中的花旦。

（三）听辨旋律，演唱体验。

1. 老师讲《红灯记》选段剧情。

师：刚才同学们欣赏的《红灯记》选段，还有个小故事，你们想听吗？

师：这个故事发生在抗日战争时期，李铁梅的爸爸李玉和是一名铁路扳道工，也是一名共产党员。李玉和经常和战友在铁梅家里传送秘密文件，但每一次来的战友，奶奶和爸爸都说是铁梅的表叔。别看铁梅年纪小，嘴上不说，心里门儿清，早就知道家里来来往往的这些人都是爸爸的战友，是地下革命者，铁梅非常钦佩他们。这个唱段就是李铁梅和奶奶之间的对话。

2. 了解京剧的主要唱腔，猜铁梅是怎样的性格。

师：铁梅是个小姑娘，大家猜猜铁梅是怎样的性格？

生：（活泼开朗……）

师：李铁梅的爸爸和奶奶都参加了革命，铁梅从小就生活在革命家庭，不仅活泼开朗、聪明懂事，还勇敢、坚韧。由于叛徒告密，李铁梅的爸爸和奶奶相继入狱，最后不幸光荣牺牲。铁梅继承他们的遗志，不怕危险，终于把文件送到游击队手中，也成为一名革命者、小战士。

3. 学习花旦唱腔的特点，做发声练习。

师：接下来我们一起来学习这个唱段的前两句。

师：刚才同学们读了课题，老师也想读一遍，请你看看有什么不同。

生：（答）

师：京剧花旦唱腔特点是尖、细、高。

师：我们接下来学习一下花旦唱腔的发声练习。

（师教生学）

师：记住小猫叫声的高位置和同妈妈撒娇的感觉。

设计意图：通过视频了解铁梅性格，通过老师的范读引出花旦的唱腔，用小猫叫、跟妈妈撒娇等浅显易懂的方法让学生学习花旦的唱腔。

（四）讲授《都有一颗红亮的心》唱段前两句。

1. 学习唱段第一句念白。

师：同学们读得不错，接下来我们模仿小铁梅的唱段。

2. 学习唱段前两句，掌握窍门。

（学生模仿）

师：告诉大家一个小窍门，"家"要唱得字正腔圆，"表"唱时音归到韵母上，唱"数"时把小铁梅的聪明唱出来。

师：第二句"大"和"事"之间加了"a"，"不"字的唱法处理和"数"一样，"门"音要收回去。铁梅是个花旦，要把小姑娘的天真体现出来。

设计意图：通过花旦唱腔的练习，学生在读念白、学习唱段前两句时就容易多了。

（五）戏曲表演，身段体验。

1. 老师教学生学习亮相。

师：刚才同学们学习了李铁梅唱段，接下来就请同学们演一演李铁梅。

（师教这一段身段表演，生在老师的指导下学习亮相，引导学生一起来表演李铁梅的动作，选出几位表演比较好的进行展示，最后老师带着同学们一起表演。）

设计意图：通过表演，让学生对京剧有更进一步的了解，从而喜欢上京剧。

（六）课堂小结。

1. 明理知趣，情感升华，教师总结。

师：通过这节课的学习，相信我们每一位同学都会像李铁梅一样勇敢、坚韧，并把中国传统文化传承下去，让更多的人认识京剧、喜欢京剧，也请同学们把今天学到的内容表演给你最喜欢的人看吧！我们今天就用京剧的方式结束这节课。

2. 师生以念白形式告别。

九、教学反思

本节课是一节欣赏课，是现代京剧《红灯记》中的一个经典唱段，考虑到学生年龄小，又从未接触过京剧，我这样来设计课堂：

1. 从师生问好切入，引出京剧的念白，通过对比让学生了解传统京剧和现代京剧，并从京剧的起源、四大行当、旦角的分类让学生对京剧有更深一步的认识。

2.《都有一颗红亮的心》旋律比较新颖，生动地表现了《红灯记》中李铁梅活泼、可爱的神态。为能让学生唱好前两句，先通过念白让学生了解花旦的唱腔，然后运用学猫叫、撒娇等方法让学生找到花旦唱腔的位置和感觉，引导学生进入角色，体味花旦唱腔的韵味。

3. 本节课把京剧念白贯穿全课，师生问好、念课题、师生再见等都用念白的方式表现，通过唱李铁梅、念李铁梅、演李铁梅，让学生在体验京剧风格和韵味的同时，被李铁梅的"人小志大，天真纯朴"所感染，激发学生对京剧的喜爱和学习的兴趣。

思考与实践

一、对照音频课例，你认为本节课的优缺点在哪里？请给予客观评价。

二、总结本节课例值得学习的地方，并将其融入自己的教学实践中展示给学生。

课例音频

唱念做打学戏曲

（三年级）

授课教师：尚倩玲（三门峡）

单位：三门峡市实验小学

一、教学目标

（一）知识目标。

1. 通过不同的实践活动引导学生了解戏曲的唱、念、做、打。

2. 通过唱、念、做、打的学习，培养学生对中国戏曲的热爱。

（二）能力目标。

1. 在欣赏、感受、模仿、表演、交流等活动中，培养学生主动参与表演的意识。

2. 鼓励学生模仿戏曲中不同的身段表演动作。

（三）情感目标。

1. 通过欣赏戏曲视频，感受主人公的情感、内涵和剧中人物的特征及表现手段。

2. 让学生在欣赏戏曲不同剧种身段的形式美和唱腔优美的旋律中，领略戏曲艺术的魅力，增强学生热爱地方剧种的兴趣。

3. 通过欣赏、模仿，使学生了解戏曲、喜欢戏曲、走进戏曲，进一步深化学生弘扬民族传统文化的责任感。

二、教学重难点

（一）引导学生对唱、念、做、打的学习。

（二）学生模仿戏曲中不同身段和表情的表演。

三、教学突破

（一）导入环节用戏曲"做"的方式与学生见面，有效地激发学生学习戏曲的兴趣，简单自然地导入新课。

（二）在"念"这个环节中，采用师生对话的方式，让学生体验、感受戏曲中的念白，轻松地达到教学效果。

四、教学思路

本节课以学生为主体，提高学生在各种学习活动中的参与度，通过合理科学的教学环节，加深学生对戏曲唱、念、做、打的了解认识，让学生在课堂中感受戏曲独有的艺术魅力，激发学生喜欢戏曲、学习戏曲的兴趣，弘扬祖国的戏曲文化。

五、教具准备

多媒体、梆子、手绢、马鞭等。

六、教学过程

（一）新课导入。

以戏曲"做"的方式导入。

（教师随着锣鼓经的音乐跑台步出场，亮相）

师：同学们，老师刚才做的是什么动作？

生：（戏曲动作。）

师：对，是戏曲动作。老师手持的是马鞭，跑的台步是戏曲圆场，最后做的动作，在戏曲里叫亮相。同学们，你们喜欢戏曲吗？

生：（喜欢。）

师：你们谁知道中国戏曲的种类有哪些呢？

生：（京剧、豫剧、越剧、黄梅戏……）

师：对，中国戏曲的种类繁多，大约有 360 多种，戏曲的五大剧种是京剧、豫剧、黄梅戏、越剧和评剧。作为河南人，你们谁知道我们河南最大的剧种是什么？

生：（豫剧。）

师：豫剧是咱们河南最大的剧种，它有着自己独特的声腔和动作；今天，我们就一起走进戏曲，了解戏曲中的唱、念、做、打，来感受它带给我们的魅力。请同学们观看大屏幕。

（二）学习新知。

师：戏曲是中国传统的戏剧艺术形式。唱、念、做、打是戏曲演员表演的四种基本功，称四功。排在首位的就是唱。说到唱，咱们河南的《梨园春》，已经把豫剧唱到了世界各地。证明我们河南的豫剧是魅力无穷的。那么你们听过哪些豫剧唱段呢？

生：（《朝阳沟》《刘大哥讲话理太偏》《穆桂英挂帅》……）

师：同学们知道得真不少，今天老师给大家带来了一段你们都比较熟悉的《花木兰》选段。

1. 唱。

（1）播放《刘大哥讲话理太偏》选段，让学生初次感受豫剧唱腔。

（2）通过老师打梆子，引导学生了解豫剧唱腔和梆子的作用。

师：同学们，你们在聆听的过程中，老师的手在干什么？

生：（打拍子。）

师：在音乐课上这叫作打拍子。那么在戏曲中，我们叫打梆子。梆子，打下去叫板，抬起来叫眼。强拍是板，弱拍是眼。这段唱腔在豫剧中是［二八板］，是一板一眼的节拍。

（3）跟着视频学唱，引导学生随着梆子有板有眼地演唱。

（4）跟着视频再唱，要求学生学会用气，口腔打开，字正腔圆地唱。

师：同学们，你们都有一副悦耳动听的嗓子，在唱的时候要用方法来学唱。

有几个字老师要强调一下，"理太偏"一定要把"偏"字唱到板上，并在"偏"字上加一个上滑音。还有"享"字，要唱在眼上，用圆润的嗓音唱出来。"男子打仗"中的"男子"要唱在板上，要把气势唱出来。

（5）为《刘大哥讲话理太偏》唱段加上表演动作。

请全体同学起立。丁字步站好，左脚在前，挺胸抬头，臀部肌肉夹紧，面带微笑，保持形体美。

（师边做动作边教学生）

（6）教师带领学生一起表演。

（7）请表演出色的学生到前面表演。

2. 念。

师：除了戏曲中的唱，念白也很重要。俗话说，千斤白，四两唱，可见戏曲中念白有着非常重要的地位。你认为戏曲中什么是念呢？

生：（读、说。）

师：对，同学们说得非常好，念就是怎样去说话。

（1）教师播放课件

请学生说一说。

（母亲：孩子你咋了？是不是病了？女儿：我没病。）

（2）观看视频，听一听在现代戏《朝阳沟》中拴保娘和自己儿媳妇银环是怎么说话的。

师：你们感觉他们和我们说的一样吗？

生：（不一样。）

师：那么，我们就一起来模仿一下他们是怎样说的。

（3）教师把学生分两组，分角色模仿。

师：我们经常说，说的比唱的好听，其实戏曲中的念就是像唱歌一样有节奏地说出来。

（4）再次巩固、学习戏曲中的念白。

3. 做。

观看视频《拾玉镯》片段。

（1）让学生找出片段中人物做了哪些表演动作？（赶鸡、喂鸡、穿针引线等动作）

（2）教师讲解戏曲中的"做"。

师：做就是做动作。用肢体把动作表演出来，在戏曲中"做"就是演员在舞台上通过优美的形体动作，虚拟表演出各种生活场景和人物形象。

（3）语言引导学生把日常洗衣服的动作做一做，体会戏曲中的"做"。

（4）再次欣赏视频《拾玉镯》。仔细观看剧中的小花旦，是怎样用动作表演赶鸡、喂鸡、穿针引线这些动作的。

（5）教师示范赶鸡、喂鸡、穿针引线等动作，学生模仿。

（6）分组展示，教师要及时给予评价。

师：同学们表演得真形象。老师想问一下，刚才我们在做穿针引线动作的时候，手里有针线吗？（没有）所以戏曲里动作的特点是虚拟和夸张的，它是来源于生活而高于生活的艺术。

4. 打。

师：我们学习了戏曲中的做，大家想不想了解戏曲中的打呢？教师播放经典片段《三岔口》。

（1）欣赏经典传统戏曲武打片段。

（2）同学们看了视频，知道这是戏曲中的打，那么生活中的打是什么？（太极、武术、少林功夫等都是生活中的"打"）

（3）观看视频，了解戏曲中的打是什么。

"打"分把子功和毯子功两大类。

（三）知识回顾。

1. 回顾戏曲中的唱、念、做、打四项基本功以及特点。（出示课件）

唱，要字正腔圆，有板有眼。

念，要具有旋律性和节奏性。

做，是虚拟而夸张的动作和表情。

打，是传统武术舞蹈化的艺术。

师：同学们，通过今天的学习，我们初步了解了戏曲中的唱、念、做、打，知道了戏曲是一门综合舞台艺术。俗话说：台上一分钟，台下十年功。作为一名演员必须要苦练唱、念、做、打的基本功和手眼身法步的技法，才能塑造出完美的场景和人物形象来。

2. 戏曲游戏抢答。

老师表演唱、念、做、打四项基本功，学生分辨并抢答，再次巩固本节课所学的戏曲知识。

七、课堂小结

师：同学们真是太棒了，我们初步掌握了戏曲中的四项基本功和特点。在以后的生活和学习中，大家还会接触到更多的戏曲文化，作为河南人，老师希望同学们能够成为河南戏曲的爱好者和继承者，把河南戏曲发扬光大，把中国的戏曲文化传承下去。大家说中不中呀？同学们，这节课到此结束，下课！

娃娃爱国粹，文艺多繁荣。

戏曲进校园，薪火永相传！

思考与实践

一、对照音频课例,你认为本节课的优缺点在哪里？请给予客观评价。

二、总结本节课例值得学习的地方,并将其融入自己的教学实践中展示给学生。

认识戏曲中的角色

（三年级）

授课教师：高海娜（鹤壁）

单位：鹤壁市山城区第十一小学

一、教学目的

（一）初步了解戏曲的起源和发展。

（二）认识戏曲中的角色。

二、教学重点

认识戏曲中的角色。

三、教学难点

能够熟练掌握戏曲的行当分类及特点。

四、教学新思路

中国戏曲具有典型的民族特征。戏曲进校园活动，将成为实施全民戏曲普及的有效途径。我在本课教学过程中，充分调动学生的积极性，运用现代化的教学手段，将欣赏与表演相结合，突出师生互动，为孩子享有优质的戏曲教育资源而不断努力！

五、教具准备

多媒体、图片、戏曲道具等。

六、教学步骤

（一）图片欣赏，导入新课。

1. 导语。

师：同学们，大家好，欢迎来到今天的音乐课堂。今天的音乐课，老师将带领同学们一起走进戏曲的世界，一起来感受我国戏曲文化的博大精深。

2. 出示课件：戏曲人物图片欣赏，了解戏曲的起源和发展。

师：戏曲是我国传统的戏剧形式，最早起源于原始社会的歌舞，主要由民间歌舞、说唱和滑稽戏三种不同的艺术形式组成，还包含了文学、音乐、舞蹈、美术、武术、杂技以及表演艺术等。我国戏曲有 360 多个剧种，是一种历史悠久的综合舞台艺术。

设计意图：通过戏曲人物图片的欣赏及创设情境，将学生引入戏曲的世界，了解戏曲的起源和发展，从而激发学生学习戏曲的兴趣。

（二）戏曲欣赏，认识戏曲中的行当。

师：同学们，说到戏曲，大家知道，我们河南戏曲的代表剧种是什么？

生：（豫剧。）

师：我们河南人啊，人人知戏，人人赏戏，人人爱戏，人人唱戏，同学们会唱我们河南的豫剧吗？谁来唱一唱？

生：（略）

师：老师呀也会唱，同学们想不想听？（教师演唱《刘大哥讲话理太偏》）你们知道老师表演的花木兰是戏曲中哪个行当吗？今天我们一起来认识戏曲中的行当：生、旦、净、丑。

1. 教师介绍戏曲行当——生，进行戏曲欣赏，师生互动。

（1）出示课件：戏曲行当——生。

师：首先，我们来认识戏曲行当——生，请同学们仔细观察，说一说图中人物的性别？

生：（男性。）

师：同学们观察得非常仔细，生行扮演的都是男性角色，由于年龄、性格和身份的不同，又划分为老生、小生、武生等。

老生：角色身份为中年或老年男子，口戴胡子（髯口），多为性格正直刚毅的正面人物；动作造型庄重、大方。（扮演帝王、官僚、文人等）

小生：青年男子，不戴胡须。（扮演王侯、官生、书生等）

武生：是擅长武戏的角色，分长靠武生、短打武生两类。长靠武生，着厚底靴，背后扎靠旗，一般使用长柄武器，具有大将风度和英雄气魄；短打武生，穿薄底靴，常用短兵器，动作矫健敏捷。

（2）欣赏豫剧名段《打金枝》，感受老生的特点。

师：下面我们一起来欣赏戏曲名段《打金枝》，请同学们仔细观察，根据表演者的年龄、服装、造型等特点，说一说是生行中的哪一类？（老生）

（3）角色模仿：出示髯（胡子），师生模仿。

2. 欣赏豫剧名段《打金枝》，教师引导介绍戏曲行当——旦，进行戏曲角色模仿，师生互动。

（1）教师结合视频图片进行讲解：戏曲行当——旦。

师：同学们，通过视频我们知道和生行不同的是，旦行的角色身份全是女性。根据角色人物年龄、性格、身份的不同，分为正旦、老旦、花旦、武旦等，表演上各有特点。

正旦：也叫青衣，主要为青年和中年的女性，娴静庄重，以唱为主。

老旦：为老年妇女，服装和头饰比较暗淡。

花旦：为青年女性，服装艳丽，头饰也非常漂亮，与老旦的区别主要是年龄和性格。

武旦：为擅长武艺的女性。分为短打武旦和长靠武旦。短打武旦，穿短衣服，重在武功；长靠武旦，着厚底靴，背后扎靠旗，提刀骑马，所以又叫"刀马旦"，常常扮演戴翎子的女将和元帅，《穆桂英挂帅》里的穆桂英就属于刀马旦。

（2）欣赏戏曲名段《穆桂英挂帅》中《辕门外三声炮如同雷震》，感受刀马旦的特点。

师：同学们，老师知道，在你们中间有许多的"豫剧小戏迷"，《穆桂英挂帅》中《辕门外三声炮如同雷震》更是耳熟能详，大家会唱吗？下面，我们一起来模仿唱一唱，感受一下刀马旦的风采。

（3）模仿互动：旦角的水袖及台步。

3. 讲解戏曲行当——净，欣赏戏曲《铡美案》，师生互动。

（1）（课件展示）"净"，俗称花脸，男性角色。分为大花脸、二花脸、油花脸。

大花脸：以唱功为主，常常扮演朝廷重臣，比如黑脸包公。

二花脸：以做功为主，常常扮演勇猛豪爽的正面人物，比如张飞、李逵。

武花脸：以武功为主，只重武打，不重唱念。

（2）欣赏豫剧名段《铡美案》，感受净行中大花脸的特点。

（3）角色模仿：出示脸谱道具，学生进行模仿亮相。

4. 欣赏戏曲《七品芝麻官》，师生共同认识戏曲行当——丑，进行互动。

（1）欣赏戏曲名段《七品芝麻官》。

师：同学们，谁能说一说刚才我们欣赏的《七品芝麻官》是戏曲行当中的哪一类？

生：（丑。）

师：在这段戏曲《七品芝麻官》的表演中，丑角的扮演者是我们鹤壁的金不换老师。他不仅是我们鹤壁的戏曲名角，还是我们河南豫剧的一张名片，更被誉为"中国豫剧当代第一丑"。

（2）认识戏曲行当——丑。

师：丑，是喜剧角色。它典型的特征是面部化妆用白粉在鼻梁眼窝间勾画小块脸谱，又叫"小花脸"，分为文丑和武丑。文丑，除武夫外各种丑角均由文丑扮演；武丑，常常扮演机警幽默、武艺高超的人物。

提问：《七品芝麻官》是丑角中的哪一类？

生：（文丑。）

（3）角色模仿《七品芝麻官》经典动作。

师：同学们，在戏曲《七品芝麻官》中，七品芝麻官的表演有两个经典动作：晃帽翅、动脖子。我们一起来试一试。

设计意图：通过对戏曲人物的讲解分析及对应戏曲角色的名段欣赏，逐渐加深学生对戏曲角色的认识，由浅入深，循序渐进，最终达到戏曲教学活动以图动人、以曲育人的艺术境界。

（三）合作提升，展示亮相。

1. 讨论交流，巩固分享。

师：同学们，今天我们一起认识了戏曲中的行当，请大家结合今天学习的内容，小组内自由分享，相互交流戏曲行当生、旦、净、丑各自的特点。

生：（小组讨论。）

2. 合作提升，展示亮相。

师：同学们说一说你最喜欢的戏曲角色？

生：（略）

师：请同学们根据角色特点进行装扮，展示亮相。

生：（略）

3. 群星荟萃，展望未来。

同学们，戏曲是我们中华传统文化的瑰宝，希望大家通过今天的学习认识戏曲中的行当，了解戏曲常识，感受戏曲的魅力，知戏、赏戏、爱戏、唱戏，都能成为"小小戏曲家"，热爱我们中国的传统文化，并通过你们的力量来推动中国戏曲文化的传承和发展。

设计意图：在讨论中巩固，在交流中提升，在分享中升华，从而激发学生对戏曲文化的热爱，在学生幼小的心灵里播种一颗戏曲的种子，为传承和发展中国戏曲文化奠定基础。

思考与实践

一、对照音频课例，你认为本节课的优缺点在哪里？请给予客观评价。

二、总结本节课例值得学习的地方，并将其融入自己的教学实践中展示给学生。

咱们说说知心话

（三年级）

授课教师：傅杨（平顶山）

单位：平顶山市新华区光明路小学

一、教学内容

豫剧《朝阳沟》选段《咱们说说知心话》。

二、教学目标

（一）在聆听、感受音乐的过程中，让学生感受依字行腔的特点，并了解豫剧的唱腔，能够有韵味地表演唱《咱们说说知心话》的前三句，感受豫剧的魅力。

（二）通过感受和学唱豫剧，让孩子们了解豫剧，喜欢豫剧。

三、教学重点

学唱《咱们说说知心话》的前三句，能够熟练演唱。

四、教学难点

感受豫剧"拖腔"和"依字行腔"的特点并有韵味地演唱。

五、教具准备

电子琴、梆子、多媒体。

六、教学过程

（一）营造氛围，师生问好。

1. 用河南方言，师生问好。

师：孩子们，你们来模仿老师的音调，我们再试着打个招呼好吗？

2. 介绍中国的戏曲种类，认识豫剧。

师：我们中国有许多种戏曲，其中京剧、越剧、黄梅戏、评剧、豫剧被称为五大戏曲剧种，豫剧又是中国第一大地方剧种。

设计意图：用河南方言师生问好，激发学生的学习兴趣，并从中引出河南豫剧，让孩子们初步认识豫剧。

（二）新课教学。

1. 导入新课。

（1）初听动画版《咱们说说知心话》，说一说戏曲中有几个人演唱，引出课题。

（2）介绍《朝阳沟》的历史背景和剧情。

（3）欣赏老一辈豫剧艺术家的原版视频，指出三位人物鲜明的性格特点。

设计意图：欣赏动画版豫剧，从而认识戏曲中的人物，激发学生的学习兴趣，引出课题；体会艺术家的精彩表演，分析三位人物的性格特点，让学生进一步感受豫剧的魅力，为学习豫剧奠定基础。

2. 学唱唱段。

（1）认识梆子。

设计意图：梆子是豫剧中比较重要的打击乐器，让学生认识梆子，激发他们的学习兴趣，知道梆子在豫剧中的重要性，为学唱环节奠定基础。

（2）学习戏词。

①教师范读戏词。

②引导学生有节奏地读戏词。

设计意图：读戏词环节是让学生进一步体会河南方言的特点，以读带唱，引出戏曲中"依字行腔"的特点，为有韵味地演唱豫剧做准备。

（3）学唱唱段。

①教师演唱。请学生感受"依字行腔"的特点。

②跟琴学唱。"咱俩说说知心话"的"话"旋律拉得很长，在豫剧中叫作拖腔。

③指出装饰音。提示学生装饰音的重要性，引导学生唱出豫剧的韵味。

④强调戏曲中的人物性格，体会不同性格的演唱特点。

⑤引导学生加入表演动作。

⑥引导学生跟音乐演唱。

⑦分角色表演唱。

设计意图：本环节通过教师范唱、跟琴学唱、口传心授等方法，让学生体会"依字行腔"的特点，感受"拖腔"的魅力。强调装饰音的重要性，引导学生有韵味地演唱，从而突破难点。

（三）演一演。

1. 看小朋友的表演视频。

2. 分组分角色表演。

3. 分角色上台表演。

设计意图：让学生看小朋友的表演视频，激发学生的表演欲望，让学生更加喜欢豫剧。

（四）拓展延伸。

让学生喜欢上豫剧、传承豫剧。

思考与实践

一、对照音频课例，你认为本节课的优缺点在哪里？请给予客观评价。

二、总结本节课例值得学习的地方，并将其融入自己的教学实践中展示给学生。

课例音频

辕门外三声炮如同雷震

（三年级）

授课教师：郭瑞芬（焦作）

单位：焦作孟州市明珠小学

一、教学目标

（一）学唱豫剧《穆桂英挂帅》选段《辕门外三声炮如同雷震》第一段，感受豫剧方言和唱腔特点。创编戏曲动作，感受表演的乐趣。

（二）认识豫剧大师马金凤，了解豫剧中"帅旦"角色的表演，感受艺术家的风采。

（三）激发学生对豫剧的兴趣，会唱，会演，让戏曲文化得到传承和发扬。

二、教学重点

学唱并表演豫剧选段《辕门外三声炮如同雷震》。

三、教学难点

掌握豫剧甩腔中抛腔和拖腔的唱法。

四、教材中的突破

（一）参与体验式突破。在导入环节，让学生催促"七奶奶"上车，一声紧似一声的催促，引出"七奶奶"上场，激发学生的兴趣。

（二）老师示范突破。戏曲学唱需要口传心授，老师针对甩腔中的抛腔和拖腔进行示范引导，让学生通过模仿了解甩腔的唱法。

（三）多媒体辅助突破。动画版的视频更贴近学生的直观体验，明珠小学的千人表演也通过多媒体视频向学生展现了戏曲的传承。

五、新的教学思路

（一）通过导入激发兴趣。通过老师和学生的互动，让课堂气氛活跃起来。

（二）多媒体的恰当运用。通过大师的范唱让学生感受戏曲舞台魅力。老师范唱用动画视频作背景，感受戏曲的童趣。欣赏明珠小学学生的表演，感受戏曲的传承。

（三）学唱戏曲。通过欣赏唱词，以及对唱腔的学习、表演和创编，循序渐进，逐步提高演唱要求。

（四）对学生的评价及时、合理、有针对性。肯定学生的学习状态、学习成果。

六、作业要求

（一）练习演唱豫剧选段《辕门外三声炮如同雷震》第一段，并创编"帅字旗，飘入云，斗大的穆字震乾坤"这一句的动作。

（二）课外自学完整片段。了解更多的豫剧知识。

七、教具准备

多媒体、道具（头饰、旗）。

八、教学过程

（一）导入课题。

"台前锣鼓敲风月，戏里春秋说稻粱。"欢迎来到豫剧课堂！

小儿郎在门外套好车，咱们催催七奶奶吧，让她快点。

学生：七奶奶，车套好了！

师：知道了！

全体学生：七奶奶，上车吧！

师：出去啦！

随音乐《小郎门外连声请》，老师上场表演七奶奶唱段。

我的小儿郎，声音真亮，催得可真紧！

同学们，刚才我们一起合作表演了豫剧《花打朝》选段《小郎门外连声请》的唱段，马金凤大师塑造了七奶奶风风火火、直爽率真的性格。

马金凤在《穆桂英挂帅》中塑造的穆桂英，是马先生经过几十年的舞台实践和不断革新，创造的一种独特的新的艺术行当——帅旦。

马金凤塑造的穆桂英，头戴金冠，身披铠甲，手拿令旗和尚方宝剑，英姿飒爽充满英雄气概。穆桂英年轻时为保卫大宋南征北战，立下汗马功劳，被朝廷封为"浑天侯"。后告老还乡，在她53岁时，国家又一次遇到危难，她挺身而出，重新挂帅出征。今天我们就来学习《穆桂英挂帅》中的选段《辕门外三声炮如同雷震》。

（二）教授新课——学会演唱并表演豫剧唱段。

1. 欣赏马金凤大师的唱腔。

思考：你看到了什么？听到了什么？

欣赏马金凤大师演唱的《穆桂英挂帅》选段《辕门外三声炮如同雷震》，感受大师大气磅礴、满腔豪情的表演。

舞台上的锣鼓声，好似千军万马，"三五步走遍天下，七八人百万雄兵"，体现了戏曲的虚拟性。

2. 老师示范演唱。

播放动画版视频，老师跟伴奏演唱。豫剧是用河南方言演唱的，请学生听辨哪些字的发音和普通话不一样。

3. 用河南方言念戏词，注意其中几个字的发音：雷、披、了。有不同发音的句子单独念，然后学生完整用河南方言念词，念出英雄气概。

4. 戏曲学唱需要口传心授，老师教一句，大家学一句。要求：腰挺直，声音唱到头顶，气息向下探。逐句教唱，并循序渐进提高要求。让学生从敢于张嘴，到精益求精，再积极创编，勇于表演。

（1）分句教唱，注意每句中不同的处理方法。

第一遍，老师示范唱，逐个突破难点。注意甩腔中抛腔和拖腔的唱法。顿音短促，不拖腔。

第二遍，学生用手势辅助演唱，集体跟老师学唱。

第三遍，挑选学生单独演唱，老师及时给予综合评价。

① "辕门外三声炮如同雷震，天波府里走出来我保国臣。"

"外"，甩腔中的抛腔，抛出去。

"炮"，清脆明亮，干脆利落，声音竖起来。认识下滑音和顿音记号的作用。

"震"，不拖腔。

"保"，口腔打开，唱饱满。

② "头戴金冠，压双鬓，当年的铁甲我又披上了身。"和观众交流的神情。"当年的铁甲"，要唱出弹性。

③ "帅字旗飘入云，斗大的穆字震乾坤。"

"旗"，气息要深，唱饱满。让旗飘起来。

出示简谱，练习"旗"甩腔中的拖腔。

难点突破："旗"拖腔后有节奏停顿，为动作创编做好准备。

"坤"，短促有力，不拖腔。

（2）学生跟伴奏练习演唱。集体演唱，分组演唱。

（3）唱、念、做、打是戏曲中的基本功，我们加上表演。老师教1、2句动作。

亮相是一个短促停顿，集中而突出地显示出人物的精神状态，采用雕塑的姿势。

丁字步站立，提襟手位。提襟：手以空拳形，手臂外形是长弧形，至于身侧，虎口与胯部相对，保持约一尺间距平行。

（4）要求创编第3句动作，从观看视频中找到创作灵感。

5. 欣赏河南省焦作孟州市明珠小学全体学生表演的豫剧《辕门外三声炮如同雷震》，感受戏曲的魅力。

（三）拓展延伸——创编动作。

老师按组分道具，展示每种道具的使用，在动作创编中提供参考。

要求：

1. 小组围在一起创编第3句动作。老师巡回指导。

2. 小组长来领取合适的道具（翎羽、头饰、旗）。

3. 小组长带领组员表演第3句创编动作。

4. 集体展示创编成果。跟着音乐面向全体观众，边唱边表演。

（及时给予学生评价和鼓励，提倡不同的创编思维）

同学们的表演让老师感到佩服！一个个气宇轩昂，声情并茂，栩栩如生。一位位小英雄活灵活现！

（四）课堂作业和小结。

本节课我们学习了豫剧《辕门外三声炮如同雷震》前几句，希望同学们回家多听、多学，完整地表演这一段，期待你们的精彩演绎！

"梨园春色惹人醉，浓妆粉墨演人生。"马金凤大师如今仍活跃在戏曲舞台上，并培养出了一批新人，为豫剧的传承与发展做出了贡献。她的代表剧目有"两花一挂"，即《花打朝》《花枪缘》和《穆桂英挂帅》。

（五）课外延伸。

民族的才是世界的。豫剧不仅是河南的骄傲，还被西方人称赞为"东方咏叹调"。希望同学们在课外多听戏，多看戏，大胆地唱戏。为豫剧传承和发扬光大做出努力！

思考与实践

一、对照音频课例,你认为本节课的优缺点在哪里?请给予客观评价。

二、总结本节课例值得学习的地方,并将其融入自己的教学实践中展示给学生。

课例音频

看大戏

（四年级）

授课教师：王稳稳（焦作）

单位：焦作市解放区映湖路小学

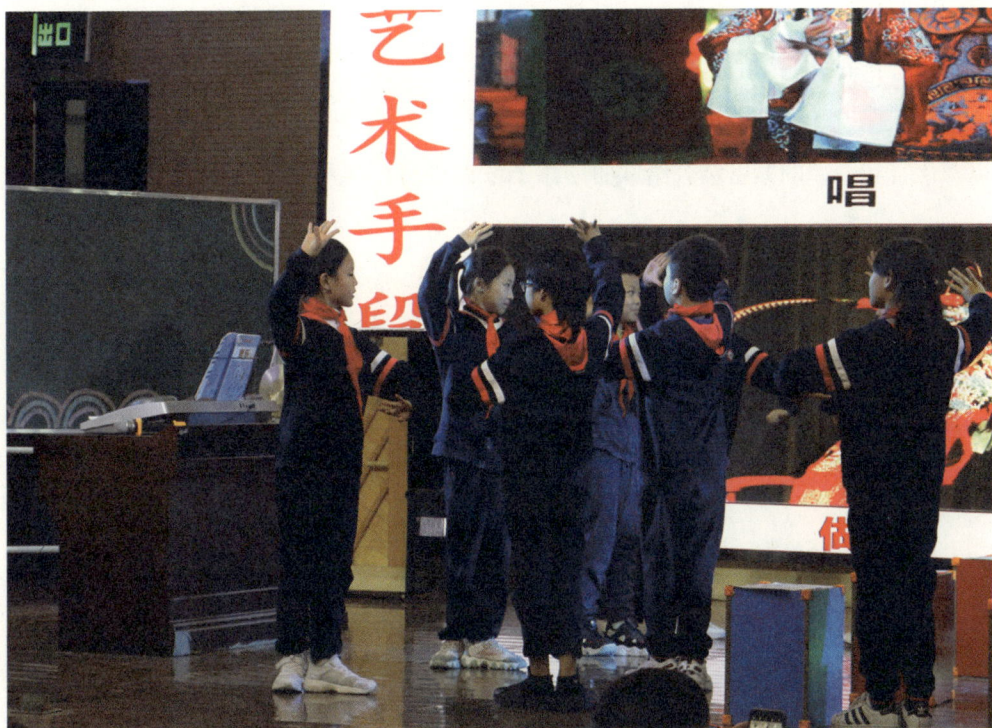

一、指导思想与理论依据

为落实戏曲进校园，普及戏曲知识，通过戏曲教学实践活动，使学生了解戏曲，感受地方戏曲，激发学生热爱民族文化、热爱家乡的美好情感。大力弘扬中国传统戏曲文化。

二、教学背景

教学的突破与创新：

本节课遵循了以教师为主导、学生为主体的教育教学规律，充分发挥学生的主动性，在潜移默化中使学生了解戏曲知识并学会一首戏歌。在原有教学流程基础之上，融入听、看、唱、演等多种学习方式，充分调动学生的感官，使学生全方位感受戏曲，尤其是"演"的环节充分调动了学生的积极性，从而使学生喜欢戏曲，并将戏曲文化发扬光大。

（一）教材分析。

歌曲《看大戏》是一首具有河南豫剧唱腔特点的创作歌曲。歌曲的音调吸收了流传于河南的主要地方剧种——豫剧的唱腔风格，旋律进行中 #4 的运用、大跳音程以及语言与旋律的紧密结合给歌曲增添了浓浓的豫剧风格特点，韵律十足的念白增强了歌曲的趣味性。

（二）学情分析。

四年级的学生对戏曲知识已经有了一定的了解，但对于准确把握戏曲唱腔特点并进行演唱还有一定的困难。

（三）教学方法：启发法、演示法。

（四）教学准备：课件、电子琴、打击乐器。

三、教学目标

（一）认知目标。

学会感受戏曲的唱腔特点，丰富学生的情感体验，保持对戏曲音乐的热爱。

（二）技能目标。

通过看、听、唱、演等音乐活动，使学生了解豫剧的有关知识。体会歌曲旋律与豫剧唱腔的相似之处，并在歌曲演唱中掌握豫剧唱腔的特点。

（三）情感目标。

通过本节课的学习，使学生能够更加热爱戏曲，将中国戏曲文化传承下去，发扬光大。

四、教学重难点

重点：感受并掌握歌曲所具有的豫剧唱腔特点。

难点：掌握歌曲中通过倚音、拖腔等形式所表现出的豫剧唱腔特点；掌握"顶板"和"闪板"的进入方法。

五、作业布置

将歌曲唱给自己的爸爸妈妈听。

六、教学过程

（一）师生问好。

教师用河南方言向学生问好。

设计意图：活跃课堂气氛，用方言为本节课的主题——戏曲做铺垫。

（二）导入。

1. 视频导入：欣赏豫剧《观灯》。

师：同学们，这个视频是一个什么类型的表演呢？

生：（回答略）

2. 引出课题《看大戏》。

师：在今天的音乐课堂上，就让我们一起来看大戏！（出示课题《看大戏》）

3. 讲解戏曲的种类。

戏曲是一门综合艺术，主要有京剧、越剧、黄梅戏、评剧、豫剧五大剧种。

4. 介绍豫剧。

师：豫剧是我国最大的地方剧种，因河南简称"豫"，所以称其为豫剧，又因豫剧在表演时常用梆子伴奏，故又称"河南梆子"。

5. 念白表演。

教师用梆子伴奏，表演念白（河南方言），学生打节奏配合。

介绍念白：是戏曲表演的一种艺术手段，戏曲有四种艺术手段，分别是唱、念、做、打，念白就是其中的"念"。

6. 学做戏曲动作。

师：刚刚看大家兴趣高涨，接下来，我们来学习一个戏曲表演中的亮相动作，也就是唱、念、做、打中的"做"。

设计意图：通过观看戏曲视频、表演念白、学做戏曲动作三个环节，使学生在潜移默化中了解戏曲的种类和四种艺术手段等戏曲知识。

（三）学唱歌曲。

1. 欣赏歌曲。

（1）初听。

师：戏歌表现了一个什么样的场面？

生：（看大戏的热闹场面。）

（2）复听。

师：请大家边听边注意歌曲中每个字语音语调的特点。

生：（回答略）

2. 教唱戏歌《看大戏》。

（1）念歌词。

师：请大家跟着老师把歌词用河南方言念一念。（了解"板式"的概念，念歌

词时注意顶板、闪板的进入。）

（2）加旋律演唱。

①学生跟教师学唱：解决顶板、闪板的进入及换气、倚音等难点。

②学生跟琴学唱：找出和豫剧唱腔最相似的乐句，引出拖腔并进行练习。

③学生独立完整演唱：加入情绪，唱出戏曲的韵味。

④跟伴奏完整演唱：再次强调唱出戏曲的特点。

设计意图：学唱歌曲分为聆听歌曲和教唱两个环节，教唱环节从学生跟唱到独立演唱，逐步解决演唱过程中的技术难点，如休止符、倚音、拖腔等，从而使学生掌握戏曲唱腔的特点。

（四）创编环节。

师：这节课我们看了大戏，听了大戏，也唱了大戏，那么大家想不想过一过演大戏的瘾呢？请出我们的秘密武器——锣鼓经。（依次讲解鼓、梆子、镲、锣、碰铃的节奏）

1. 由五位学生演奏打击乐，其他学生分为五组，用肢体表演乐器演奏，一起进行练习。

2. 教师弹琴，持打击乐器的学生在前奏与间奏的部分进行合奏，歌唱部分学生演唱。

设计意图：通过节奏创编，使学生感受演大戏的热闹场面，对戏曲有一个更全面的了解，从而喜欢上戏曲艺术。

（五）教师总结。

今天，我们通过看大戏、听大戏、唱大戏、演大戏，感受到了戏曲的魅力，希望大家通过这节课，能够喜欢、爱上唱戏，把我们中国戏曲传承下去并发扬光大！

七、教学反思

本节课教唱环节用电子琴模仿戏曲的节奏型进行伴奏，提高了学生学习歌曲的兴趣。但教学过程中仍有以下问题需要改进：

戏曲课程相对其他课程来说门槛较高，在教学中需用浅显易懂的语言将晦涩难懂的专业戏曲知识通俗化，使学生能够在轻松愉悦的课堂环境中掌握。在今后的教学工作中我会继续钻研戏曲知识，加强戏曲基本功的练习，争取把更好的戏曲课带给学生。

思考与实践

一、对照音频课例，你认为本节课的优缺点在哪里？请给予客观评价。

二、总结本节课例值得学习的地方，并将其融入自己的教学实践中展示给学生。

课例音频

甘洒热血写春秋

（四年级）

授课教师：张艳霞（焦作）

单位：焦作市解放区实验学校（小学）

一、指导思想与理论依据

了解和学习以京剧为代表的中国戏曲，体验其不同的风格，是音乐课程标准提出的弘扬民族音乐的学习目标。本课旨在通过对作品的欣赏，让学生体验京剧的韵味，激发学生对民族音乐的热爱之情。

二、教学背景

教学的突破与创新：

本节课以激发、体验、创造的教学模式，充分调动学生学习音乐的积极性，尊重学生，以学生为主体，以音乐为手段，强调创造性，注重学生能力的培养，使教学达到传承民族音乐的预期效果。

主要思路表现在：将戏曲操导入课程，创造良好的课堂气氛。由英雄故事激发学生的崇拜之情，为之后学习唱腔做铺垫。再由打击乐器引入锣鼓经，引导学生学习锣鼓经，并会使用打击乐器为唱段伴奏。最后，再进行唱段的完整演绎。这样设计，着眼于发挥和挖掘学生潜在的学习兴趣，激励学生进取，使学生在努力获取知识、技能的过程中享受学习成功的快乐，从而达到使学生热爱祖国音乐文化、弘扬传统戏曲的目的。

（一）教材分析。

京剧选段《甘洒热血写春秋》选自现代京剧《智取威虎山》。此唱段属于老生唱腔，［西皮快二六］板式。该选段为1/4拍，节奏紧凑，速度较快，表现了侦察排长杨子荣胆大心细、足智多谋、不畏艰险、勇于献身的英雄形象。整个唱段分为两部分，第一部分有多处一字多音的唱法，如"日""志"等，唱腔咬字归韵到位，色彩明朗；第二部分运用了长拖腔，如"秋"字，演唱铿锵有力，流畅自如。

（二）学情分析。

首先，小学四年级学生通过之前的学习，已经欣赏过不少京剧中的唱段，具备了对京剧艺术的初步了解。其次，本年龄段的学生好奇、好动、模仿力强，教学过程中我会采用观看视频、欣赏图片等方式引导学生学习，激发他们的学习欲望，培养其对国粹京剧的兴趣与爱好。

（三）教学方法。

听赏法、表演法、合作法、示范法、练习法等。

（四）教学准备。

课件、钢琴、打击乐器（京剧的伴奏乐器）。

三、教学目标

（一）认知目标。

感受国粹京剧，体验其音乐风格与韵味，培养学生对戏曲音乐的兴趣与爱好。

（二）技能目标。

通过聆听、模唱旋律、身段表演、念锣鼓经、为京剧伴奏等多种实践活动，让学生了解京剧相关知识，体验和表现京剧的韵味。

（三）情感目标。

通过欣赏，让学生熟悉并热爱国粹京剧，增强民族意识，培养爱国主义情操。

四、教学重难点

重点：欣赏现代京剧选段《甘洒热血写春秋》，在反复聆听中感受京剧唱腔的特点和韵味，并学唱唱段。

难点：锣鼓经的念法，用锣鼓经为唱段伴奏。

五、作业布置

学生完整欣赏现代京剧《智取威虎山》。

六、教具准备

多媒体、钢琴、大锣、小锣、小钹。

七、教学过程

（一）师生问好。

师：同学们，你们平时做广播体操吗？今天我们一起来体验一段别致的体操，感受一下和平时做的广播操有什么不一样。（播放音频一起跳戏曲操）

生：（有戏曲的动作，有京剧的韵味。）

师：同学们说得很对。这套操就是根据京剧元素创编而成的戏曲操。

设计意图：通过活泼的戏曲操为学生打开戏曲学习的大门，学生会觉得很轻松，为之后的表演做准备。

（二）复习旧知。

师：京剧形成于北京，是四大徽班进京后，与来自湖北的汉调艺人合作，同时吸收了昆曲、秦腔等一些戏曲的优点和特长而形成的，距今已经有两百多年的历史，是我国的国粹。随着戏曲历史的不断演变，京剧也融合了许多现代元素，形成了众多经典的现代京剧剧目。你们听过现代京剧吗？

生：（听过。）

师：今天我们就一起来欣赏现代京剧《智取威虎山》选段《甘洒热血写春秋》。

设计意图：通过简单介绍京剧的起源与发展，增加学生对京剧知识的了解，激发学生对京剧学习的兴趣。

（三）新授内容。

1. 初听，感受唱段。

《甘洒热血写春秋》是现代京剧《智取威虎山》中的一个经典唱段，大家感受到它独特的魅力了吗？现在就让我们一起认真聆听这个唱段，感受唱腔的韵味。（播放音频）提示学生可以从速度、情感去思考。

师：想一想它带给你怎样的感受？

生：（速度很快……）

师：你听得很仔细。

2. 讲故事，激发学生对英雄的敬仰之情。

这部戏是根据真实革命故事改编而成的。故事发生在 1946 年，人民解放军在东北战场取得辉煌胜利，为巩固我们的革命根据地，我军决定对东北地区的匪帮余孽进行围剿。侦察排排长杨子荣接到任务后，假扮成匪徒胡彪，以献联络图为名，只身一人上威虎山，赢得土匪头子座山雕的信任，成功打入敌人内部，为我军传递重要军事情报。在除夕之夜，杨子荣和我军部队里应外合一举歼灭了土匪。刚刚我们欣赏的唱段就是土匪头子座山雕看到联络图之后，欣喜若狂，要为杨子荣庆功的场面。杨子荣表面上看很高兴，实则更坚定了打败土匪的决心和信心。同学们，你们觉得杨子荣是个什么样的人呀？

生：（勇敢、机智……）

师：同学们说得都很好，他是一个威武、正义凛然、机智勇敢的人！

3. 再次聆听，感受唱腔特点。

师：现在就让我们再次聆听，体会唱腔的特点，听听杨子荣都唱了什么。（播放音频）

师：这段唱腔有什么特点呢？

生：（有气势……）

师：正是这铿锵有力、气势豪迈的唱腔表现了英雄的铮铮铁骨！

师：你听出杨子荣唱了什么吗？

生：（甘洒热血写春秋。）

师：下面请大家认真看这段唱词，你们能把杨子荣的气势念出来吗？

生：（练习）

师：大家念得真豪迈！此唱段为京剧行当中的老生唱腔，［西皮快二六］板式。分别采用了 2/4、1/4 拍子。我们知道 2/4 拍子是一强一弱，但京剧里要说一板一眼。而 1/4 拍子就是一小节只有一个拍子，在京剧里叫有板无眼。

设计意图：介绍故事背景，初步感受京剧的韵味，激发学生继续学习的兴趣。

4. 教唱唱段。

师：下面老师以拍手为板，请同学们一边拍手打板一边唱戏词，注意仔细观察这些红色的字是在板上唱还是在板后唱。

师：对，是打过板之后再唱，京剧里叫板后起眼。一起跟着老师打板，唱一唱吧。

生：（学唱）

师：在戏曲里有很多字是一字多音的。现在我们跟着琴把这些一字多音的地方唱一唱。

生：（唱）

师：演唱京剧讲究的是字正腔圆，铿锵有力，唱的时候一定要注意把字唱圆润，唱扎实。

生：（练习）

设计意图：通过学唱唱段，让学生感受京剧的唱腔特点，体会京剧的独特韵味。

5. 学习锣鼓经。

师：杨子荣唱完之后，音乐结束了吗？

生：（没有。）

师：你听到了什么？有什么乐器？我们再来聆听一遍吧。（播放音频）

生：（锣、鼓的声音。）

师：你听得真仔细。同学们，你们说的这些都是京剧伴奏中使用的打击乐器。今天老师把这些乐器带到了我们的课堂上，让大家亲自感受一下这些乐器的声音。

介绍伴奏乐器：大锣、小锣、小钹及演奏方法，指导学生按照锣鼓经进行训练，并为唱段伴奏。

设计意图：通过让孩子们念锣鼓经，使孩子清楚地知道锣鼓经从哪里进入，加深对锣鼓经伴奏的认识，加强合作意识。

（四）拓展环节。

1. 欣赏视频，注意观察里面的内容及表演顺序。

2. 创编。

将学生分成两组，一组边唱边表演，另一组用锣伴奏，进行配合练习。

设计意图：把念白、演唱、身段表演、锣鼓经有机地融合在一起，丰富了学生的听觉，提高了学生的表演能力和合作意识。

（五）教师总结。

师：同学们，今天我们欣赏了现代京剧唱段《甘洒热血写春秋》，感受了京剧的独特魅力，还领略体验了杨子荣的英雄气概，希望同学们能在课下把《智取威虎山》这部现代京剧完整欣赏一遍。

同学们，京剧是我国的国粹，犹如绽放在华夏大地上的一朵奇葩，以独特的美惊艳世人。希望同学们能将它很好地传承下去，学唱京剧，让京剧在中国乃至世界文化艺术舞台上绽放出独特的光芒。最后，让我们模仿英雄的模样，随着铿锵有力的锣鼓点离开教室。

八、教学反思

这节课我以戏曲操引入，让课堂变得轻松活泼。通过听故事，让学生感受杨子荣的英雄形象，在此基础上感受该唱段的唱腔特点。讲解唱段的节拍，让学生知道板和眼。在板和眼的基础上唱戏词，让学生感受、掌握板后再唱的技能，并用口传心授和弹琴教唱相结合的方法教唱唱段。然后引出锣鼓经。用锣鼓经为唱段伴奏是这节课的难点，以各种形式的念，加深学生对新知识的印象。接下来再加上念白，让学生分角色、分小组完整演绎此唱段，让学生在课堂上感受杨子荣的英雄气概，做到老戏新唱、重现经典的效果，从而达到教学目的。

本节课存在的不足和需改进的主要有以下几点：

1. 戏曲动作做得不太到位，唱功上还需要再提高。对于戏曲的咬字归韵、身段表演、眼神亮相等基本表演还需要加强学习。

2. 教唱环节，可以多选几位同学唱一唱，以便对学生的演唱程度进行了解和评价。

3. 教念锣鼓经要在活跃的氛围中进行，提高学生的学习兴趣，降低学习难度，让学生高效地掌握锣鼓经，并为唱段伴奏。

思考与实践

一、对照音频课例，你认为本节课的优缺点在哪里？请给予客观评价。

二、总结本节课例值得学习的地方，并将其融入自己的教学实践中展示给学生。

课例音频

谁说女子不如男

（四年级）

授课教师：何玲玲（焦作）

单位：焦作市武陟县育英实验小学

一、教材分析

本节课选自本校四年级戏曲校本教材。《谁说女子不如男》是《花木兰》里具有代表性的一个唱段，唱腔激昂奔放，节奏明快，极具河南方言特点。

二、教学目标

（一）能有韵味地跟唱《谁说女子不如男》，并辅以简单的身段动作。

（二）知道豫剧是河南的地方戏曲，认识豫剧大师常香玉。

（三）感受豫剧魅力，了解唱腔特点。

三、教学重难点

能有韵味地边表演边唱《谁说女子不如男》片段，感受豫剧的行腔特点。

四、教具准备

多媒体。

五、教学过程

（一）组织教学。

1. 师生问好。

师：老师给大家表演几个动作，请同学们认真看，说说你在哪里见过。（师表演）

生：（答）

2. 师：说到戏曲老师想问一个问题，大家知道哪些戏曲剧种？

生：（答）

3. 师：中国的戏曲剧种有三百六十多种，今天的戏曲课堂老师将带大家走进我们河南的地方戏——豫剧（出示课件，介绍河南豫剧）。豫剧又称河南梆子，是河

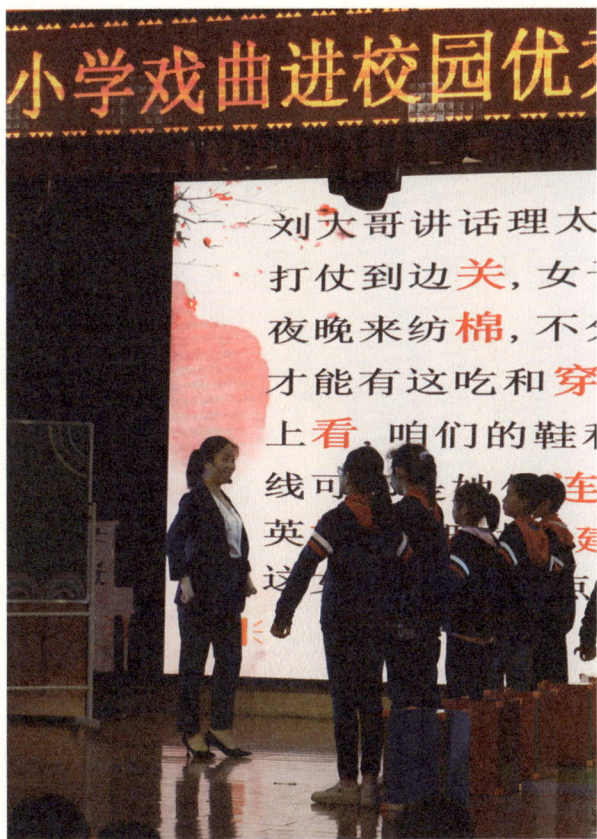

南省的地方戏曲剧种。其音乐分为豫东调和豫西调，具有奔放明朗的特点。伴奏乐器以板胡为主，辅以小三弦、二胡、笛子，以硬木梆子击节。

（二）新课授入。

师：今天老师给大家带来的是豫剧《花木兰》里的唱段《谁说女子不如男》，下边请同学们欣赏。（师范唱）

师：刚才老师演唱的就是《花木兰》的唱段，那么大家想了解花木兰的故事吗？请看视频。看过之后来说说，你在视频中学到了什么？（播放多媒体）

生：（答）

师：花木兰女扮男装，替父从军，是在军营里立下赫赫战功的巾帼女英雄。一天，将士们在军中休憩时，其中一位将士说起，女子只会享清闲，男子在外冲前线。女扮男装的花木兰听了很不服气，就和他们理论起来（师独白戏文，并加动作）。

下边请同学们来欣赏《花木兰》的这个唱段。（播放戏曲）

（学生思考）

这段戏在演唱上力度是轻是重？

生：（力度重。）

师：下边我们来随着音乐，轻声学唱这段戏，并体会演唱上咬字重的特点。（播放音乐，生学习，并教唱）

师：这段戏每一句的最后一个字在演唱上也很有特点，下边让我们再来认真地听唱这段戏。

（学生思考）

每一句的最后一个字尾音怎样？（师播放戏曲）

生：（尾音上扬。）

师：跟着老师来学下（师生练习读尾音上扬的字），下边我们再来认真学唱这段戏，重点注意最后一个字尾音上扬的特点。（播放音乐）

师：同学们学得很认真，下边老师唱前边部分，同学们接唱后边红色字体的部分。（播放伴奏，师生接唱）

师：接下来我们再次聆听这段戏，注意演唱者在哪个地方是用一个字唱了多个音符，并且是这段戏的高潮部分。（播放戏曲）

师总结：这个地方演唱者运用了甩腔，把自己的情绪表达得淋漓尽致。那么什么是甩腔呢？（出示多媒体，介绍甩腔）

师：下边让我们完整地跟唱这段戏曲。

师：戏曲不仅唱腔优美，动作也具有表演性，下边我们一起来学习戏曲动作。（塑造花木兰巾帼英雄、女中豪杰的形象）

（1）剑指、亮相动作。

（2）师边表演边唱，生模仿。（挑学生上来展示）

师：同学们学习得很认真。这段戏是豫剧大师常香玉的代表作，接下来我们来认识下我们的老艺术家常香玉，常香玉被人们尊称为豫剧皇后，被授予"人民艺术家"的荣誉称号。代表作品有《花木兰》《拷红》《白蛇传》等。她在70年的艺术实践中，不断精益求精，千锤百炼，形成了独特的唱腔特点，被称为"常派"，成为豫剧演唱艺术中的杰出代表。同时她也是一位爱国艺人，在抗美援朝时期，她带领自己的团队巡回演出，并为志愿军捐献了一架战斗机。

（三）总结。

师：同学们，今天我们学习了河南豫剧唱段《谁说女子不如男》，了解了这段戏的唱腔特点。中国的戏曲除了豫剧，还有很多剧种，可谓百花斗艳，各具特色，希望同学们将来学习更多的戏曲剧种，把中国的戏曲文化传承下去，让这颗璀璨的明珠更加光彩夺目，永远闪耀在世界的东方！（同学们再见！）

思考与实践

一、对照音频课例，你认为本节课的优缺点在哪里？请给予客观评价。

二、总结本节课例值得学习的地方，并将其融入自己的教学实践中展示给学生。

课例音频

小仓娃我离了登封小县

（四年级）

授课教师：李亚可（平顶山）

单位：平顶山市新华区联盟路小学

一、教学内容

学唱曲剧唱段《小仓娃我离了登封小县》。

二、教学目标

（一）学唱曲剧唱段《小仓娃我离了登封小县》，初步感知曲剧艺术的魅力，萌发对中国戏曲文化的喜爱之情。

（二）学生通过聆听、模仿演唱、游戏等方式，感受、体验曲剧中的闪板唱法，注意咬字和归韵以便于更好地表现所学唱段。

（三）通过演唱曲剧唱段《小仓娃我离了登封小县》，培养学生对曲剧的兴趣，初步了解自己家乡的传统戏曲。

三、教学重难点

重点：学唱曲剧唱段《小仓娃我离了登封小县》，注意闪板唱法。

难点：感受曲剧唱腔中的咬字、吐字及归韵唱法，并进行模仿表演。

四、教学方法

对比、欣赏、引导、情景法等。

五、教具准备

多媒体、表演小仓娃的道具等。

六、教学过程

（一）初步感知曲剧唱段：导课。

1. 师生问好！河南有三大戏曲种类，今天就让我们走进曲剧，领略曲剧的风采。

2. 播放海连池《卷席筒》里的唱段。请同学们看视频。

①重点听一听、看一看这个视频里主角是谁。

②还有哪两个角色？

3. 小仓娃犯了啥事？图片展示，老师讲解《卷席筒》故事背景。

4. 简单介绍海连池。

设计意图：欣赏戏曲，激发学生学习戏曲的兴趣。初步了解曲剧。

（二）听一听：学唱腔。

今天我们重点来学习唱段《小仓娃我离了登封小县》里的前四句，请同学们听一听小仓娃这四句都唱了什么。声音有什么特点。

设计意图：感知所学唱段人物的声音特点，以便更好地学唱。

（三）念一念：学戏词。

1. 用梆子为戏曲伴奏，读一读戏词。

2. 讲解乐谱的闪板唱法。

3. 注意"小仓娃""小县"等读法，归韵要拖住。

4. 老师打节拍学生再读。

设计意图：读戏词时注意闪板的唱法，还有咬字、吐字及归韵。以方言为切入点，为后面模唱曲剧奠定基础。

（四）唱一唱：学唱曲剧唱段。

1. 老师先给学生唱一遍。学生观察老师在演唱时有什么特点。

2. 老师打拍学生轻声模唱。

3. 老师逐句教唱。

4. 跟琴重点练唱最后一句。

5. 小声跟伴奏唱。

6. 学生依剧中人物心情，声情并茂地演唱。

7. 找学生唱一唱或分组唱。

设计意图：老师口传心授，学生听、看、模仿，感受曲剧的魅力，模仿韵味更上一层楼。

（五）演一演：拓展升华。

1. 学生再看《小仓娃我离了登封小县》唱段视频。老师提出要求：

①小仓娃除了唱，都做了哪些动作？

②二解差在此唱段中做了哪些动作，说了哪些话？

2. 把同学们分成组，进行汇报演出。

把学生分成组议一议，也可加上自己的想象，选出最合适的"小仓娃"和"二解差"人选，演一演。（从表情、动作上评议）

设计意图：通过创设情境，激发学生的艺术想象力与创造力，使学生能声情并茂地演唱，并用动作表演来活跃课堂气氛。

（六）课堂小结。

戏曲是一门综合性舞台艺术，海连池老师刻画的小仓娃，不仅有丑角的幽默诙谐，更散发着善良、正义的力量，这也是大家喜欢这一角色的原因。河南的戏曲文化要靠我们去传承，希望通过这节课的学习同学们能喜欢上河南曲剧。

（七）本课设计思路与创新点。

本课旨在通过欣赏、聆听、模仿、游戏等教学方法与手段，最大限度地调动学生学习戏曲的积极性和表现欲。教师通过自己设计的各个教学环节，唤起学生对于戏曲作品的兴趣和热情，在潜移默化中让学生喜欢上我们的戏曲，喜欢上曲剧。

思考与实践

一、对照音频课例，你认为本节课的优缺点在哪里？请给予客观评价。

二、总结本节课例值得学习的地方，并将其融入自己的教学实践中展示给学生。

豫剧中的打击乐

（四年级）

授课教师：郭辉（洛阳）

单位：洛阳市实验小学恒大分校

一、教材分析

本单元是戏曲、曲艺的系列单元，中国的戏曲与古希腊戏剧、印度梵剧并称为世界三大古老戏剧，把戏曲作为一个单元是本套教材最有特色的内容之一。在本单元《戏曲中的打击乐——急急风》的学习中，学生们认识了京剧中的戏曲乐队，管弦乐部分称为文场、打击乐部分称为武场。将教材进行拓展，延伸到本土戏曲剧种豫剧，具体到《豫剧中的打击乐》，让学生了解常用的豫剧打击乐器，并通过尝试参与演奏及表演，了解打击乐在豫剧中的作用，感受豫剧的艺术魅力，树立传承和发展中华优秀传统文化的意识，达到培养学生核心素养的目标。

二、学情分析

四年级学生精力旺盛、活泼好动，学习态度积极，思维敏捷，接受能力较强，对于新事物有很强的兴趣。学生在本单元的学习中，已对戏曲常用打击乐器有了初步的认识，对戏曲的学习和欣赏有了浓厚的兴趣，但是很少在参与演奏中感受戏曲的艺术魅力。通过本节课对豫剧打击乐的学习，让学生认识豫剧中常用的打击乐器，通过演奏，让学生探索豫剧常用打击乐器的音色和演奏方法，激发学生兴趣，培养学生创新能力，了解打击乐的作用，走进豫剧艺术殿堂。

三、教学目标

（一）引导学生探索豫剧打击乐器的音色和演奏方法。

（二）通过打击乐器参与不同角色的演奏，引导学生了解打击乐在豫剧中的作用。

（三）通过欣赏和实践活动，引导学生感受豫剧的艺术魅力，培养学生对戏曲打击乐的爱好，树立传承民族音乐文化的意识。

四、教学重难点

引导学生用不同的演奏方式和节奏表现不同的人物形象。

五、教具准备

豫剧常用打击乐器：鞭鼓、梆子、大锣、二锣、手镲。

六、教学过程

（一）谈话导入，激发兴趣。

谈话导入，认识本节课将要学习的豫剧中常用的打击乐器。

（二）探究体验，尝试演奏。

1. 老师引导学生了解鞭鼓、梆子的打法和音色。

2. 学生自主探究大锣、二锣、手镲三种打击乐器的音色和演奏方法，并学会让乐器的声音停下来的方法。

3. 欣赏专业打击乐演奏视频，调动学生学习打击乐器演奏的兴趣。

4. 合作演奏。

设计意图：教师通过引导式学习、探究式学习，引导学生掌握打击乐器的基本演奏方法，体验合作的乐趣。

（三）欣赏视频，表现人物。

1. 欣赏视频，感受花旦、武生、老生三个人物形象中打击乐的不同表现。

2. 用不同的节奏，表现不同的人物形象。

（1）老生。

回忆前面所打节奏，引导学生选择适合的人物形象，并用打击乐配合老师的动作演奏。

（2）花旦。

根据老师的动作引导学生创编节奏，通过身段体验，引导学生用恰当的力度演奏。

（3）武生。

根据老师的脚步和动作，学生用打击乐演奏，通过动作体验，感受武生英勇的形象。

（4）总结打击乐表现不同人物形象、烘托气氛的作用并板书。

设计意图：通过对视频片段的欣赏及对不同人物形象动作的体验，帮助学生总结出打击乐表现人物形象、烘托气氛的作用。

（四）即兴伴奏，体验演奏。

1. 聆听《辕门外三声炮如同雷震》选段前四句，感受打击乐在唱腔中的表现。

2. 听音乐，敲击凳子模仿梆子演奏，为唱腔伴奏。

设计意图：引导学生参与伴奏，体验打击乐在唱腔中的演奏。

（五）小结。

教师总结：豫剧唱腔铿锵大气，本色自然，深受全国戏曲爱好者的喜爱，从民国到现在，我们国家涌现出了一大批著名的豫剧大师以及优秀的表演艺术家，他们为豫剧的发展做出了巨大的贡献。通过今天的学习，你喜欢豫剧打击乐吗？喜欢豫剧吗？老师希望你们能把豫剧传承和发扬下去，让全国人民乃至全世界人民都能感受到豫剧的风采。

思考与实践

一、对照音频课例，你认为本节课的优缺点在哪里？请给予客观评价。

二、总结本节课例值得学习的地方，并将其融入自己的教学实践中展示给学生。

非遗眉户——十二把镰刀

（四年级）

授课教师：侯艳妮（三门峡）

单位：三门峡灵宝市实验小学

一、教学理念

把戏曲表演引进课堂，让学生更近距离地感受地方戏曲的魅力，激发学生学习戏曲的兴趣，弘扬民族精神。

二、学情分析

四年级学生情感丰富，对新鲜事物有着强烈的求知欲。本课以身边的地方戏眉户为切入口，让学生了解地方戏曲，激发学生学习戏曲的兴趣。

三、教学目标

（一）知道眉户是灵宝的地方戏，初步了解有关眉户的知识。

（二）通过眉户的欣赏和唱腔的学唱及表演，感受眉户的唱腔特点和深厚文化底蕴。

（三）激发学生对戏曲艺术的关注和热爱，感受戏曲的无穷魅力。

四、教学重点

初步了解有关眉户的知识。

五、教学难点

学习和表演眉户唱腔。

六、教学突破

把音乐课有趣的节奏练习以及师生的对唱和表演带入戏曲课堂，激发学生学习戏曲的浓厚兴趣。

七、教具准备

多媒体、围裙、红腰带、白毛巾、篮子。

八、教学方法

创设情境、感受体验、合作学习、听唱与教唱法。

九、教学过程

（一）师生有节奏问好。

1. 师：同 学 们 好   生：老 师 您 好

2. 节奏接龙游戏。

① 2/4   x x x | x x |

② 2/4   x x x | xx xx |

③ 2/4   x. x xx | xx xx |

设计意图：在和学生问好中进行有趣的节奏接龙游戏，让学生快速集中精力，并为课堂中唱腔部分节奏的学习做好铺垫。

（二）创设情境，谈话导入。

中国的戏曲源远流长，是我国民族艺术的瑰宝，也是一种历史文化遗产，今天老师将和大家一起走进丰富多彩的戏曲课堂。

1. 同学们，你们对戏曲有所了解吗？你们都知道哪些剧种？

老师总结：我们全国许多地方都有自己的剧种，可谓是百花齐放、精彩纷呈。老师来自美丽的三门峡灵宝，大家一定想知道灵宝的地方戏是什么吧？灵宝地处豫、陕、晋三省交界，河南的豫剧、陕西的眉户、山西的蒲剧都深受人们的喜爱，主要演唱的剧种是蒲剧和眉户。

2. 老师表演眉户《梁秋燕》选段，初次感受眉户。

课件出示：《梁秋燕》是一部反映农村青年反对封建买卖婚姻，为争取婚姻自由而斗争的眉户现代戏，表达了青年一代对幸福家庭生活的向往。

3. 地方戏用地方话唱，教学生说简单的地方话。

设计意图：让学生初步感受眉户戏。

（三）剧种分析。

眉户，国家级非物质文化遗产之一，起源于陕西省的眉县和户县，是眉县和户县的并称，又名"迷胡"。相传因它的曲调委婉动听、具有令人听之入迷的艺术魅力而得名。清末流入灵宝，唱词通俗易懂，形式活泼，表演自由，代表剧目有《梁秋燕》《十二把镰刀》等。

设计意图：结合灵宝地域特色初步了解眉户。

（四）新课学习。

刚才老师演唱的是《梁秋燕》选段，今天我们要学唱的是《十二把镰刀》选段。今天老师给大家设了两个小关卡，大家闯关成功，戏曲之门就会打开，你们愿意接受挑战吗？

1. 数镰刀（勇闯第一关）。

一把两把　两把三把　三把四把　四把五把　五把六把　六把七把

七把八把　八把九把　九把十把　十把十一　十一十二　十二十一

十一十把　十把九把　九把八把　八把七把　七把六把　六把五把

五把四把　四把三把　三把两把　两把一把

（1）找规律。

（2）老师先数，学生模仿，女同学数红体字，男同学数黑体字。

（3）老师做示范，让学生说变化。

（4）根据老师给出的速度变化，男女同学对数镰刀。

设计意图：练习嘴巴的灵活性，为后面的学习打好基础。

恭喜大家顺利通过第一关，第一扇戏曲之门即将打开，老师给大家送上的是一段戏曲视频。（播放《十二把镰刀》选段的视频）

2. 欣赏眉户代表剧《十二把镰刀》选段《十五的月儿分外明》。

设计意图：让同学们初步感受《十二把镰刀》。

（1）请同学们说说看到和听到了什么？（学生举手回答）

他们手里拿着镰刀和锤子，打镰刀、数镰刀。

（2）他们的心情怎么样？

老师总结：《十二把镰刀》又名《一夜红》，眉户现代戏，表现的是抗战时期陕甘宁边区开展大生产运动，青年铁匠王二接受了为部队打镰刀的任务，为了支援部队生产，夫妻双双连夜打出了十二把镰刀，该曲诙谐活泼，充满生活气息，唱出了夫妇二人完成任务时的喜悦心情。

3. 学唱戏曲《十五的月儿分外明》选段。

（1）（勇闯第二关）学习第一部分，师生合作完成。老师唱第一乐句和第二乐句前半句，学生接后面的节奏部分。

①分析戏词，讲打镰刀的过程。

②节奏练习，女同学前两小节，男同学后两小节。

烘　烘　烘　|　烘烘　烘烘　|　烘.烘　烘烘　|　烘烘　烘烘　|

叮　当　当　|　叮当　叮当　|　叮.当　当当　|　叮当　叮当　|

噜　噜　噜　|　噜噜　噜噜　|　噜.噜　噜噜　|　噜噜　噜噜　|

③老师教唱，用手势提示音高。

④最后两个小节放慢速度。

⑤师生对唱第一部分（伴奏）。

恭喜大家顺利通过第二关。你们已经荣获今天课堂的戏曲"小能手"称号了，第二扇戏曲之门即将打开，我们一起来听听打完镰刀该干什么？（播放《十五的月儿分外明》音频）

（2）学习第二部分。

①（数镰刀）一把两把……两把一把

②烘烘　烘烘　|　烘.烘　烘烘　|　烘烘　烘烘　|

　叮当　叮当　|　叮.当　当当　|　叮当　叮当　|

噜噜　噜噜　｜　噜.噜　噜噜　｜　噜噜　噜噜　｜

a. 这一部分截取了第一部分的后三个小节，出示歌谱进行对比教学。

b. 最后两个小节稍慢。

（3）第三部分（直干到大天明依儿哟，十二把镰刀放光明依儿哟。）

由于这一部分的音域较高，由老师来完成。

4. 出示曲谱，师生对唱，老师纠正不当之处，解决难点。

5. 引导学生体会铁匠夫妇完成任务时的愉悦心情，再次演唱。

（五）戏曲大舞台，展示你我风采。

1. 老师教大家做动作，带动作表演唱。

2. 找小演员和老师一起表演，并给小演员简单进行扮相，女孩系围裙，男孩扎白毛巾。

设计意图：学生亲身参与到戏曲表演中来，激发孩子们对戏曲的热爱。

恭喜大家荣获今天课堂的"小戏骨"称号，看着你们开心的笑脸，老师感受到了你们对戏曲浓厚的兴趣。

（六）畅谈收获。

请同学们谈谈本节课的收获。

（七）课堂小结。

戏曲是中华民族精神的化身，她穿越斑斓舞台、纵横古今时空，具有极高的艺术价值和教育价值。听着大家稚嫩的唱腔，老师感受到了大家对戏曲的热爱，也看到了希望。让我们乘着"戏曲进校园"的快车，感受戏曲的无穷魅力，让戏曲的种子在我们的心中生根发芽乃至盛开！

思考与实践

一、对照音频课例，你认为本节课的优缺点在哪里？请给予客观评价。

二、总结本节课例值得学习的地方，并将其融入自己的教学实践中展示给学生。

课例音频

卖水——表花

（四年级）

授课教师：申华（鹤壁）

单位：鹤壁市淇滨小学

一、教材分析

京剧《卖水》以丫鬟梅英为主角，着重表现了她的心地善良、聪明伶俐。表演《卖水》中的《表花》时配合扇子、手绢载歌载舞，并用灵动的眼神、脆甜的嗓音把天真可爱的小丫鬟展现给观众。这出小戏欢快活泼，把传统花旦戏里特有的"退步圆场""晃摇肩膀"表演得淋漓尽致，深受广大观众喜爱，已经成为当今京剧舞台花旦戏的代表作之一。

二、教学内容

（一）欣赏一段儿童版的京剧《卖水》，学唱一小段，并且能够尽量用京腔演唱。

（二）通过反复聆听戏曲，能够用带有京味的歌声和简单动作表演《卖水》片段。

三、教学目标

（一）认识京剧行当角色，通过欣赏京剧《卖水》中《表花》一折，感受京剧的服饰及表演魅力。

（二）通过聆听欣赏、演唱戏曲片段，感受京剧的唱腔特点，指导学生学习《卖水》念白的内容，体会京剧念白的节奏性和音乐性。

（三）通过学习京腔京味的念白使学生感受京剧传统文化的特点，激发学生热爱祖国戏曲文化的热情。

四、教学重点

学会演唱《卖水》中《表花》一段的唱腔和念白。

五、教学难点

用京腔表演，学会其中几个有代表性的动作。

六、教具准备

扇子、手绢、课件、钢琴。

七、教学过程

（一）导入。

1. 播放流行音乐中带有京剧韵味的一段演唱，学生感受和普通流行音乐相比有什么特殊之处。

2. 在这首歌曲中加入了京剧的元素，京剧可以说是咱们国家的艺术瑰宝，课前老师准备了一些和京剧有关的小知识，放在你们的凳子下面，现在大家都来找一找吧。谁的座位下有宝藏，请举手来跟大家分享一下好吗？

3. 京剧作为我们国家的国粹，有着她独特的魅力。今天老师也带来了一些带有京剧脸谱的小书签，作为这节课的小礼物，送给表现优秀的同学，你们想得到它吗？

4. 那就让我们一起进入今天的音乐课堂吧！

设计意图：通过学生平时喜欢的流行音乐，过渡到京剧中，让孩子与京剧拉近距离，轻松地融入京剧课堂。

（二）新课学习。

1. 刚才经过同学们的介绍，我们知道京剧有生、旦、净、丑四个行当，下面我们来一起欣赏一段视频，请大家仔细观察，看看里面的人物属于京剧中的哪个行当？

2. 出示旦角图片。

旦角分为很多种类，根据所饰演的人物的不同，称呼也不同。（分别进行简单介绍）

重点介绍花旦角色服装及人物塑造的特点。

3. 简介剧情。

刚才我们欣赏到的是京剧《卖水》中的《表花》一折，《卖水》讲述了在宋朝时期，兵部郎官李寿的长子在边关领兵抗敌，却被奸臣诬陷入狱，并被抄家。次子李彦贵求救于岳父礼部尚书黄璋，谁料黄璋非但不帮忙，反而借机悔婚，李彦贵无奈，只得以卖水为生。可是黄璋的女儿黄桂英，因仰慕李家忠良，不想退婚，终日闷坐在绣楼。小丫鬟梅英偶然间碰见了以卖水为生的李彦贵，于是借请小姐到花园赏花之名，想让小姐和卖水的李彦贵见一面。在等李彦贵的时候，表花名给小姐取乐解闷。表花就是报花名，描绘各种花的特点。

设计意图：给学生讲述《卖水》的故事情节，这样能让学生更好地理解《表花》这个片段的含义，融入故事中，激发兴趣，接下来才能更好地演唱和表演。

4. 下面我们再来欣赏一遍，请大家边看边找一找，这段唱腔里都表了哪几种花？在演唱形式上有什么区别？

5. 大家说得不错，京剧舞台上的人说话，我们叫"念白"，念白和我们平时说话不太一样，请大家仔细听一听，有什么不同？

6. 谁来说说有什么不同？你能按节奏来读一读吗？

7. 跟音乐一起来念白。

设计意图：由更贴近说话的念白入手，再过渡到下一环节的唱腔学习，让孩子们更容易接受。

（三）学习旋律。

1. 我们刚才一起学习了问答，那要先有问才能有答，下面我们一起来听一听，小丫鬟梅英是怎么问的吧？（播放唱腔）

2. 梅英是唱着问的，下面我们就一起来学一学唱腔的部分吧！

3. 跟钢琴学唱。

4. 指导学生正确发声，运用头腔共鸣，引导学生小脸开花，额头、眉毛、眼睛、脸蛋往上提，口型上下打开，腰腹气息支撑，声音位置要高，吐字清晰。

5. 完整演唱。

师生对唱、生生对唱、分组对唱等形式。

设计意图：体会京剧的演唱方式和平时歌唱状态的区别，反复地演唱，增加熟练程度，为下一环节学动作打基础。

（四）学习动作。

1. 师问：在这段表演中，除了唱腔之外，还有哪些地方能表现梅英的聪明伶俐？

2. 眼神、动作（照镜子、晃头、梳头发、擦粉、点胭脂）。

3. 跟老师一起做动作。

4. 小组讨论，推选代表来表演。

5. 选择优点突出的学生上台展示。

6. 其他学生找出表演中的优点和不足，改进后，再次表演。

设计意图：通过动作的学习，体会如何塑造出梅英这个角色的聪明伶俐，感受京剧中"做"的魅力。

（五）拓展。

1. 这节课同学们表现得非常棒，无论是表演还是演唱都很积极。虽然到最后，大家的表演还很生涩，但只要你热爱京剧、了解京剧，喜欢我们的国粹，你们一定会得到很多的收获，希望你们将这份热情保持下去，将我们的国粹传承下去！在这节课的最后，我们一起来观看京剧艺术家刘长瑜演唱的原汁原味的京剧《卖水》，感受老一辈京剧艺术家的风采。（播放视频）

2. 通过今天的学习，谁来说一说你对京剧有了哪些新的认识和更深刻的感受？

3. 咱们河南也有当地特有的剧种，你们知道是什么吗？

4. 课后作业：回家收集带有豫剧唱腔或元素的歌曲，自己试着唱一唱。

思考与实践

一、对照音频课例，你认为本节课的优缺点在哪里？请给予客观评价。

二、总结本节课例值得学习的地方，并将其融入自己的教学实践中展示给学生。

课例音频

戏曲锣鼓经——紧急风

（四年级）

授课教师：吴俊（许昌）

单位：许昌市古槐街小学

一、教学目标

（一）知识与技能：学习戏曲锣鼓经，了解"紧急风"的节奏特点及戏曲打击乐的基本演奏方法与音色特点。模拟演奏锣鼓经紧急风，并能用简单的戏曲动作表现。

（二）过程与方法：通过感知、体验、合作等艺术实践活动，表现"紧急风"。

（三）情感态度价值观：在感知、表现、欣赏等艺术活动中感受戏曲打击乐的魅力，对戏曲锣鼓经有学习兴趣和愿望。

二、教学重点

（一）学生准确模仿出"紧急风"的节奏。

（二）配合打击乐伴奏表演戏曲动作。

三、教学难点

配合演奏"紧急风"。

四、教学思路

由教师表演戏曲动作导入，激发学生学习兴趣，通过多次聆听，感知戏曲打击乐的音色特点与"紧急风"特点，让学生通过模拟演奏，参与演奏，参与表演，对戏曲打击乐产生学习兴趣与愿望，传承戏曲文化。

五、学情分析

小学四年级学生具有很强的参与感，对新鲜事物有着旺盛的求知欲，本节课抓住学生求知欲强、好奇心强、表现欲强、积极性高的特点，让学生参与打击乐演奏及表演，激发学生对戏曲打击乐的兴趣。

六、教具准备

鞭鼓、大锣、小锣、铙钹、多媒体。

七、教学过程

（一）导入。

1. 组织教学，教师随音乐"紧急风"表演。

师：同学们，快乐的音乐课开始了，今天，老师先给大家表演几个动作，大家看看老师表现的是哪种艺术形式？

2. 教师随音乐表演。

生：（戏曲。）

3. 聆听锣鼓经"紧急风"。

师：同学们一下就看出来了！那你能听出老师表演时的这段音乐演奏都用了哪些乐器吗？（学生聆听回答，师课件出示乐器）

师小结：鼓、大锣、小锣、铙钹这四种乐器都是戏曲中的主要打击乐器，今天我们就来学习由这四种乐器演奏的戏曲锣鼓经——紧急风。（出示课题）

（二）感知欣赏。

1. 聆听锣鼓经"紧急风"。

师：咱们再来听一听，由这四种乐器演奏的"紧急风"有什么特点？从中你还能感受到什么？

2. 学生聆听并回答问题。（速度快、紧张、战斗等）

3. 再次聆听感知"紧急风"。

师：大家的感知力真强！正是因为音乐节奏速度很快，所以通常给人一种急促感、紧张感。通常在舞台上表现演员骑马、行船、战斗、奔跑等一些激烈紧张的场面，武场用居多。

（三）合奏锣鼓经"紧急风"。

1. 感知戏曲打击乐的音色特点。

（1）感知鼓的音色特点。

师：今天老师把这些乐器也带到了课堂上，让我们近距离了解一下它们吧！（出示实物鼓）鼓也叫鞭鼓或是司鼓，是戏曲打击乐中的指挥乐器，请同学们听一听它的音色有什么特点？

（2）师小结：鞭鼓的声音清脆明亮具有穿透力，通常用"大"来模拟它单击的音色，用"八"来模拟它双击的音色。

（3）学生模仿鞭鼓音色与演奏姿势。

（4）出示实物大锣，感受音色特点。（粗犷浑厚）

（5）用"哐"模拟大锣音色与演奏姿势。

（6）出示实物小锣，感受音色特点。（清脆高亢明亮）

（7）用"台"模拟小锣音色与演奏姿势。

（8）出示实物铙钹，感受音色特点。

师：与小锣相比，铙钹音色更加独特，用"七"代表它的音色。

（9）用"七"模拟铙钹音色与演奏姿势。

（10）请学生用实物演奏。

（11）把学生分成四组，每组代表一种乐器，师指哪种音色，生敲哪种乐器，看谁反应最快。

师：在戏曲伴奏中，通常会有几种乐器的合奏，这些合奏又会产生一些不同的音色，比如"才"代表小锣、铙钹合奏，"仓"代表这四种乐器共同合奏。

（12）学生模拟"仓""才"的音色与演奏方法。

（13）老师说不同的锣鼓点，学生分组配合演奏。

2. 演奏"紧急风"。

师：大家的反应能力真强！下面，我们就用这四种乐器来演奏一下"紧急风"。（出示"紧急风"节奏型）

八　大｜仓　0｜台　0‖: 仓仓　仓仓｜仓仓　仓仓｜仓仓　仓仓｜仓仓

仓仓：‖仓 才.｜仓 0‖

（1）教师示范读"紧急风"节奏。

（2）学生读"紧急风"锣鼓点。

（3）教师纠正学生读得不准确的地方。

（4）学生准确地读"紧急风"节奏。

（5）学生分成四组，每组代表一种乐器，模拟动作与音色进行演奏。

（6）请四位学生上台拿乐器进行合奏。

3. 表演"紧急风"。

师：同学们配合得真有默契，老师仿佛看到英雄们骑着马奔跑的场面！下面，我们就用动作来表现一下"紧急风"所表现的奔跑场面。

（1）教师示范表演。

（2）学生学习动作。

（3）教师纠正动作要领。

（4）学生完整表演动作。

（5）师生共同随音乐表演。

请四名学生用乐器演奏"紧急风"，其他同学随着表演动作。

（四）拓展欣赏。

师：今天，我们不但演奏了锣鼓经中的"紧急风"，还用动作表现了"紧急风"的紧张场面。接下来，我们来欣赏由戏曲专业打击乐队演奏的锣鼓经。

1. 教师播放视频。

2. 学生欣赏视频。

（五）课堂小结。

师：同学们，这些戏曲打击乐队的叔叔们演奏得怎么样？你喜欢他们的演奏吗？锣鼓经中还有很多不同的节奏等着我们去学习，比如："马腿儿""滚头""四击头"等。老师希望大家在业余时间，多多关注戏曲艺术，相信你们一定会从中得到更多快乐！今天我们的课就上到这里，同学们再见！

八、教学反思

戏曲教学是小学音乐课程教学的难点，学生接触比较少，特别是戏曲打击乐。本节课通过感知、参与、体验、合作等方式，让学生了解戏曲打击乐，激发学生学习戏曲打击乐的兴趣，培养学生的合作表现力。

思考与实践

一、对照音频课例，你认为本节课的优缺点在哪里？请给予客观评价。

二、总结本节课例值得学习的地方，并将其融入自己的教学实践中展示给学生。

课例音频

走进河南地方戏

（五年级）

授课教师：李旭（许昌）

单位：许昌市文化街小学

一、教材分析

欣赏课《走进河南地方戏》通过让学生了解、学唱具有地方特色的戏曲，弘扬地方戏曲文化，进一步激发学生热爱家乡戏曲、传承民族艺术的情怀。本节课从了解中国戏曲的四大剧种——京剧、豫剧、评剧、越剧入手，到模仿四种戏曲表演形式——唱、念、做、打，再到感受四种戏曲行当——生、旦、净、丑的角色人物形象，让学生了解我们河南不仅有三大地方剧种——豫剧、曲剧和越调，还有各个地区的小剧种，如太康县的"道情"、新乡地区的"二夹弦"、豫东商丘的"四平调"、豫东一带的"大平调"，等等。通过学唱豫剧《花木兰》经典唱段《谁说女子不如男》，让学生感受豫剧一板一眼、吐字清晰、韵味醇美、铿锵有力的艺术特点，及本唱段最后甩腔粗犷奔放的独特魅力，提高学生的艺术欣赏水平，丰富学生的戏曲文化生活。

二、学情分析

五年级学生对戏曲文化已基本有所了解，但学习演唱戏曲的功底不够。要想真正把握戏曲演唱确实有一定的难度，在课堂上需要下足功夫。根据小学生爱唱、爱表演的特点，在课堂上学唱时，可结合角色模仿动作，让学生边唱边表演，从中体验戏曲的魅力。

（一）情感与态度。

1. 了解我国戏曲四大剧种和我们河南地方戏曲三大种类，加深学生对戏曲文化的印象。

2. 体会感知戏曲文化的悠久历史与底蕴，激发学生喜爱戏曲、传唱戏曲、弘扬戏曲的热情。

（二）戏曲文化渗透德育教学。

1. 本节课以学唱《花木兰》选段为主线。花木兰女扮男装替父从军，到前线打仗，屡建功勋，成为一名巾帼英雄。在孩子们成长的过程中，通过学唱戏曲选段，模仿古代将士在战场上的矫健身姿，感受英雄花木兰抗击侵略者、保家卫国的勇敢无畏和勤劳善良、孝亲敬老的淳朴品质。在学唱、表演的过程中，通过师生互动合作，增强团队的凝聚力和战斗力。

2.《谁说女子不如男》是我国著名豫剧表演艺术家常香玉的代表唱段之一。在抗美援朝时期，她带领自己的演出团队在全国巡演，筹集了大量的义演捐款，为在朝鲜战场浴血奋战的中国人民志愿军捐献了一架战斗机，这一壮举，教育了当今新时代的少年儿童，从而激发孩子们更加热爱我们的祖国。

三、教学目标

（一）通过欣赏中国戏曲四大剧种和河南地方戏，让学生了解戏曲传统文化的博大精深。

（二）了解戏曲的基本知识，激发学生热爱家乡地方戏的情感。

（三）学习演唱，感受豫剧唱腔的韵味，模仿简单戏曲动作表演，开发学生创造性潜质，培养合作意识和团队精神。

四、教学重难点

学习豫剧的唱腔风格，感受地方戏曲的特点与韵味。

五、教具准备

多媒体。

六、教学过程

（一）导入。

（走台步上场问好！）

师：孩子们，刚才老师采用了什么样的形式向大家问好呢？（生答）

师：看起来大家对戏曲还是很了解的，接下来，老师给大家播放视频。大家看

一看、听一听，这些戏曲片段都是什么剧种？（放京剧视频）

设计意图：通过老师富有特色的戏曲问好方式，让学生感到新颖有趣，激发孩子们学习戏曲的强烈欲望。

（二）欣赏中国四大剧种。

1. 欣赏京剧《说唱脸谱》。

师：谁来说说这里运用了哪个剧种的音调？（生答：京剧。）

师：人们把京剧称为戏曲中的什么呢？（生：国粹。）

师：京剧是中国最大的剧种，深受广大观众的喜爱。我们欣赏下一段，这又是什么剧种？

2. 欣赏评剧《花为媒》片段。（放评剧视频）

师：这是什么剧种？（生答：评剧。）

师：评剧起源于河北唐山，最初又称唐山落子，是一种长期流行在民间的说唱艺术。大家来听第三段戏曲，它又是什么剧种？

3. 欣赏越剧《红楼梦》片段。（放越剧视频）

师：听出来了吗？看起来大家好像听不懂，老师告诉你，它是越剧。越剧盛行于江南（浙江省），声音优美、动听，唯美典雅，极具江南的灵秀之气。最后一段戏曲是我们比较熟悉的，它又是什么剧种？

4. 欣赏豫剧《朝阳沟》片段。（放豫剧视频）

师：大家听出来是什么剧种了吗？（生答：豫剧。）

师：孩子们真不愧是我们河南人的后代。豫剧也称为"河南梆子"，传承至今已有上百年的历史，早在清代乾隆年间，已经成为河南很有影响的戏曲剧种。它的唱腔响亮、浑厚、丰富细腻，是富于乡土气息的特色剧种。

今天就让我们一起带着对家乡戏曲的热爱，体验欣赏课《走进河南地方戏》。

5. 出示课题：欣赏课《走进河南地方戏》。

师：中国的戏曲艺术博大精深，种类繁多，各地由于方言、风俗、环境、文化等不同，戏曲艺术种类也各不相同。我们刚才听的几段戏曲就是具有代表性的京剧、

评剧、越剧、豫剧四大剧种。戏曲从表演形式上可分为唱、念、做、打，从表演行当上又分为生、旦、净、丑。（分别出示 PPT）

设计意图：通过对四大剧种的欣赏，让孩子们感受我国数千年优秀的戏曲传统文化的无限魅力，从中了解戏曲，领会戏曲文化的内涵与韵味。

6. 了解戏曲基本知识和各类人物角色。

生：武生（放图片），武将、壮士；老生（放图片），老年男人。（学生模仿武生的走路姿态，模仿老生出场的神情）

旦：花旦（放图片），年轻、活泼的女人；老旦（放图片），老年女性，现在的老太太。（学生模仿花旦走路）

净：花脸（放图片），表现勇猛豪爽的正面人物；红脸（放图片），象征着忠勇、耿直。（学生模仿花脸急躁的神情）

丑：小丑，在戏曲中表现滑稽、逗乐，化妆最大特点就是鼻梁正中有个小白块，一看就令人发笑。（师生模仿小丑走路的动作）

设计意图：通过生动逼真的图片，让学生了解戏曲的基本知识和各类人物角色特点，获得审美体验。

（三）学习地方戏，感受豫剧的唱腔韵味。

1. 欣赏豫剧《花木兰》选段。

（师范唱）

师：花木兰是我们中国古代巾帼英雄。她忠孝节义，代父从军，奋勇杀敌，屡建功勋，流传千古，唐代皇帝追封她为"孝烈将军"。花木兰替父出征十二载，勇士们不知木兰是女郎。所以，我们在学这段唱腔的时候，要像花木兰在战场上那样，用英姿飒爽、威风凛凛、勇敢杀敌的武生姿态来演唱。

2. 出示曲谱。

（1）介绍［二八板］。

师：大家看曲谱，这段唱腔是2/4拍，在豫剧中叫［二八板］。"板"是强拍，"眼"是弱拍，因此称为"一板一眼"。豫剧的唱腔有［慢板］［二八板］［流水板］等，我们今天学习的是豫剧［二八板］。

（2）分析教材，介绍音乐知识。

前倚音$\widehat{5}$，下滑音↘，05丨弱起小节，甩腔（也叫抛腔、拖腔，体验豫东乡土气息的唱腔韵味与特色）。

（3）介绍乐器（梆子）在戏曲中起到"一板一眼"的作用。

（4）练习戏曲开嗓发声。

（5）师范唱，孩子们模仿练习。

（6）练唱。老师打着梆子一板一眼教唱。

（7）学习表演唱。（放音乐，学生边学唱边模仿动作）

（8）介绍演唱者常香玉大师。

设计意图：通过欣赏学唱，让学生感受豫剧有板有眼、字正腔圆、唱词通俗易懂的特点，让孩子们喜欢豫剧，爱唱豫剧。通过介绍豫剧表演艺术家常香玉的爱国感人事迹，激发学生热爱祖国、热爱家乡的爱国情怀。

3. 了解曲剧。

我们河南除了豫剧，还有许多地方戏，下面我来给大家演唱一段，大家猜一猜是什么戏？

（出示曲剧 PPT，放《卷席筒》音乐，教师演唱）

4. 了解越调。

师：再听一段，这又是什么地方戏？（放越调音乐，教师演唱）

师：越调的音乐丰富，有 9 腔、18 调、72 哼之说，50 多年前，周口越调剧团 6 次进北京，演出了拿手曲目，并被拍成电影、电视在全国放映，在我们河南戏曲历史上留下了光辉的一页。

师：我们河南除了有豫剧、曲剧、越调三大剧种以外，还有许多县具有自己地方特色的剧种，像太康县的"道情"、新乡地区的"二夹弦"、豫东商丘的"四平调"、豫东一带的"大平调"，等等。

5. 出示道情、二夹弦、四平调、大平调四个剧种 PPT。

设计意图：通过对河南其他不同特色剧种的了解，让学生感受河南地方戏曲的博大精深，激发孩子们热爱家乡地方戏的情感。

（四）初步学习简单的戏曲表演。

戏曲表演形式唱、念、做、打，是戏曲的四项基本功，刚才我们着重学习了"唱"，下面我们再来练习一下"做"。"做"就是表演，每个不同的角色，它的一举一动都是不一样的。孩子们，我们刚才体验了武生、花旦走路的动作表演，我们跟着音乐再来模仿一下。（师生共同练习）

设计意图：通过引导学生模仿戏曲人物不同角色的走路方式，有效提高学生戏曲文化素养，增强学生对戏曲文化表现的自信心，开发学生创造性潜质，培养他们良好的合作意识和团队精神。

（五）小结。

同学们，通过这节课的学习，你对戏曲又有了哪些新的认识呢？（生：略）无论是京剧，还是豫剧，都是祖国的瑰宝，或许将来人们会把戏曲当作流行歌曲来表演传唱，使这一传统文化瑰宝永远发扬光大。

同学们，今天的课就上到这里，让我们跟着音乐模仿武生、花旦的台步，走出教室吧。

思考与实践

一、对照音频课例，你认为本节课的优缺点在哪里？请给予客观评价。

二、总结本节课例值得学习的地方，并将其融入自己的教学实践中展示给学生。

课例音频

辕门外三声炮如同雷震

（五年级）

授课教师：王少芳（濮阳）

单位：濮阳市清丰县诚睦路小学

一、教材分析

《辕门外三声炮如同雷震》为豫剧《穆桂英挂帅》中的经典唱段，是豫剧大师马金凤老师的代表作。该唱段以中州韵为基础，河南方言与戏曲音调融合，形成独具特色的唱腔，吐字真切，嗓音明亮圆润，多以假声为主，真假混合唱法，表演沉稳大方。

二、学情分析

五年级学生已处于小学高段，在音乐知识上有一定积累，所以在学习本节课时，让学生聆听、欣赏并解决学习中的难点，尝试进行创作练习，培养学生解决问题的能力及音乐表现力，使他们对豫剧有更深层次的了解，并通过本节课的学习，体会豫剧名段中的拖腔、咬字、真假声混合等在戏曲中的运用。

三、教学目标

（一）通过感受和体验戏曲名段，激发学生对戏曲艺术的热爱。

（二）在聆听、感受、学唱等音乐活动中，体会拖腔、咬字、真假声、鼻音、喉音在唱段中的运用。

（三）了解豫剧相关知识，体会马派唱腔特点。

四、教学重难点

完整演唱所学唱段，体会鼻音、喉音在唱段中的运用。

五、教具准备

多媒体、课件。

六、教学过程

（一）激情导入，引发兴趣。

师随音乐伴奏演唱京剧《都有一颗红亮的心》。

师：同学们，刚才老师演唱的是京剧《红灯记》中的选段，京剧是我国的国粹，除了京剧，你还知道哪些剧种呢？

生：（豫剧、越剧、黄梅戏……）

师：今天老师带来了一首戏曲经典唱段，同学们仔细聆听，并说出它属于哪个剧种及你的感受。

（二）理解音乐，学习歌曲。

1. 了解豫剧知识。

2. 完整欣赏，谈聆听感受。

生：（豫剧，与《花木兰》相似。）

3. 再次聆听，学生随音乐轻声哼唱，从速度、强弱、旋律等方面说出这段戏曲的特点。

生：（速度比较慢；有力度变化；有拖腔。）

4. 教师范唱。

让学生找出具有鲜明特点的乐句，如倚音、拖腔、力度变化等。

5. 学生学唱（先练声，再学唱）。

（1）练习 yi，试着体会假声高位，并感受鼻腔、头腔共鸣。

（2）以画圆的方式练习 yi，体会甩腔。

（3）学生学唱。

6. 小组间练习演唱并展示。

7. 完整演唱。

（三）观看唱段教唱视频，总结马派唱腔特点。

1. 观看豫剧《穆桂英挂帅》唱段教学视频，感受马派唱腔特点。

生：（字多、腔少；假声为主、鼻音喉音等。）

师总结马派唱腔特点。

2. 师生共同演唱豫剧《辕门外三声炮如同雷震》，感受唱段的唱腔风格。

（四）拓展延伸——家乡地方戏曲介绍。

清丰柳子戏——"柳"是唱的意思，"子"是曲子的意思，即"唱曲子的戏"。伴奏乐器以三弦为主，故又称"弦子戏"，也有称北调子、柳子腔的，是一种古老稀有的戏曲剧种，流行于河南、山东部分地区，由元、明时期的"弦索"系统演变而来。它的曲调是由中原一带流行的民间俗曲小令，〔山坡羊〕〔锁南枝〕〔耍孩儿〕等曲牌和七字句的"柳子调"结合而成，由于"柳子调"更通俗易懂，因而被称为柳子戏。

柳子戏音乐由俗曲和柳子等九大声腔组成，"越""平""下""二八"四类曲调兼用，声腔清脆甜润，悠扬委婉柔美，角色分工细致，表演粗犷豪放。

人们有"听着柳子调，胜似坐仙轿""粗听梆子戏，细品柳子腔"之说。

柳子戏表演代表人物有王庆田、张瑞琴等。

简介作品《孝子张清丰》。

（五）作业。

1. 同学们背唱所学旋律，并自行学习其余部分。

2. 课下欣赏河南具有代表性的其他剧目（曲剧、越调等）。

（六）课堂小结。

这节课我们学习了豫剧《穆桂英挂帅》中的经典唱段，让我们感受马派豫剧唱腔风格不一样的特点——字多、腔少，假声为主、真假声混合运用、嗓音明亮圆润等，使我们更深层地了解了有关豫剧的知识，课下请同学们搜集有关戏曲的音乐，多多聆听，感受我国多元化戏曲音乐风格特色，并能试着学唱一些戏曲作品。

思考与实践

一、对照音频课例，你认为本节课的优缺点在哪里？请给予客观评价。

二、总结本节课例值得学习的地方，并将其融入自己的教学实践中展示给学生。

课例音频

亲家母你坐下

（五年级）

授课教师：张晨（濮阳）

单位：濮阳市油田第五小学

一、教材分析

　　《亲家母你坐下》选自豫剧现代戏《朝阳沟》。《朝阳沟》是现代豫剧里程碑式的作品，旋律优美，情节生动，再加上豫剧三团各位艺术家精湛的表演，使得这部作品一经问世便闻名全国，其独特的艺术魅力深受大众喜爱，至今依然久唱不衰。《亲家母你坐下》讲述的是银环的母亲来朝阳沟会亲家的故事，深刻而生动地塑造了不同的人物形象。该唱段保持了豫剧声腔艺术的地方特色，并以丰富多彩的艺术形式创新了唱腔艺术，使之更加符合现代人对豫剧的审美需求。

二、整体构思

　　本课以河南话趣味性地导入主题，通过豫剧及朝阳沟知识、背景的介绍，了解银环和拴保的故事，让学生对豫剧及作品有初步的了解；然后通过教师的表演，以及聆听不同人物的唱腔片段，分析人物及其性格特征，学唱人物的唱段，认识豫剧里的打击乐器"梆子"，学习打击梆子为唱段伴奏，并对作品进行唱词、唱腔、身段、表情等的处理，把握豫剧唱词和声韵的规律、唱腔的起伏转折、身段的表演性，感受作品对于人物细腻的刻画，加深对作品的理解；最后通过拓展延伸，使学生得到不同的音乐体验，进一步加深对作品的印象及喜爱。

三、教学目标

　　（一）情感态度价值观。

　　通过欣赏走进戏曲文化，并在课堂所营造的文化氛围里感受豫剧的魅力，培养学生对豫剧这一传统文化的兴趣，增强学生对戏曲艺术的审美素养，鼓励学生传承和发扬本土的戏曲文化。

　　（二）过程与方法。

　　从河南方言、故事剧情、人物分析、唱腔特点等方面入手，让学生由浅至深地了解豫剧，学会并能随伴奏演唱朝阳沟选段《亲家母你坐下》，进一步感受豫剧的魅力。

（三）知识与技能。

了解豫剧的相关知识及唱腔特点，有韵味地跟唱《亲家母你坐下》中的片段，并辅以简单的身段动作进行表演；认识乐器"梆子"，了解其音色特点，学会演奏技法。

四、教学重点

通过对《亲家母你坐下》的欣赏，了解作品塑造的人物形象、唱腔特点，感受豫剧魅力，进一步认识豫剧。

五、教学难点

学生对于豫剧唱词、唱腔、身段、表情的处理，以及唱段中唱词韵调的规律、唱腔的起伏转折、身段表演性的把握。

六、教学方法

欣赏、讨论、模仿、探究、表演唱、自主学习、小组合作。

七、教具准备

多媒体、梆子。

八、教学过程

（一）组织教学，激趣导入。

1. 欣赏相声片段，认识河南方言。

（1）欣赏岳云鹏河南方言版相声片段。（播放视频）

（2）师教授河南方言。

（3）生随师用河南方言有感情地朗读。（出示课件内容）

（4）引入戏曲片段。

2. 欣赏戏曲片段，导入课题。

（1）播放《朝阳沟好地方》节选。

（2）师提问：这么美的风景描写的是哪个地方？（朝阳沟）

同学们，这一段唱腔属于哪个剧种？（豫剧）

（3）简介豫剧。

（4）师生讨论交流，揭示课题。

设计意图：创设情境，通过充满趣味的相声调动课堂气氛并引出河南方言，然后带学生用河南方言朗读唱词，进一步加深对河南方言的认识，并欣赏唱词对应的《朝阳沟好地方》片段，带学生分析剧种，简单了解豫剧，合理地引出课题朝阳沟。

（二）欣赏教学。

1. 介绍豫剧《朝阳沟》的时代背景。

（1）师生讨论故事情节。

①高中毕业生银环到未婚夫拴保的家乡朝阳沟参加农业生产，遇到了母亲的反对和一连串困难。（展示上山剧照）

②在村党支部的支持和群众的关心鼓励之下，她认识到农村也是知识青年贡献力量的广阔天地，终于在农村扎下根来。（展示下山剧照）

③她母亲也随后来会亲家，并决定在朝阳沟落户。（展示《亲家母你坐下》剧照）

（2）引生讨论剧中人物。

2. 师表演唱，直观感受作品，激发学习兴趣。

（1）师生讨论：亲家母是什么？

（2）师表演唱《亲家母你坐下》片段。（一人饰三个角色）

3. 了解传统豫剧及现代豫剧。

（1）生欣赏师表演并回答：

《亲家母你坐下》是属于传统豫剧还是现代豫剧？（出示课件）

（2）师生讨论交流。

（3）了解传统豫剧与现代豫剧。

①传统豫剧。（出示行当图片）

师生共同探讨传统豫剧行当、行头、唱腔等，并播放《穆桂英挂帅》片段，进一步加深对传统豫剧的了解。

②现代豫剧。（出示《朝阳沟》剧照）

根据剧照及参考教师表演，了解现代豫剧（根据剧情安排角色，服装接近生活，唱腔在传统豫剧的基础上加以创新，唱法以本嗓为主，质朴流畅接近口语）。

（4）引导学生进行对比，并作出正确判断，《亲家母你坐下》属于现代豫剧。

设计意图：介绍朝阳沟的背景，让学生对《朝阳沟》的故事有初步的了解，并通过欣赏教师的表演激发学习兴趣，以选择的形式，带学生了解传统豫剧与现代豫剧，进一步加深学生对豫剧的认识，为以下环节做铺垫。

（三）戏曲学唱。

1. 引生欣赏《亲家母你坐下》片段，聆听并跟随轻唱。

2. 分段欣赏并模仿演唱，介绍剧中人物及其性格。

（1）聆听拴保娘的演唱。

①播放戏曲片段。

②引生分析角色。

③师扮演拴保娘提供线索：孩儿，你嫁到俺家来，俺就把你当亲闺女一样疼你。

④师生交流分析人物性格：拴保娘淳朴、善良、豁达。她非常疼爱银环，给予了她无限的温暖与关怀。

⑤师教唱，并对学生进行演唱辅导（读唱词、学唱腔、做动作、做表情）。

（2）聆听银环妈的演唱。

①播放戏曲片段。

②引生分析角色。

③教师扮演银环妈提供线索：银环这个死妮子，这次我一定要去朝阳沟把她追回来。

④师生交流分析人物性格：银环妈蛮横尖酸、自私，而又世故圆滑。比如她在剧中因反对而气急败坏、凶狠地追打银环，得知老支书来了却马上由怒转喜。

⑤师教唱，并对学生进行演唱辅导（读唱词、学唱腔、做动作、做表情）。

（3）聆听二大娘的演唱。

①播放戏曲片段。

②引生分析角色。

③教师扮演二大娘提供线索：妮儿，你有啥事儿给怹二大娘说，二大娘呀，不嫌麻烦。

④师生交流分析人物性格：二大娘直爽、泼辣、热心肠。她用慈爱的心关心、呵护银环。

⑤师教唱，并对学生进行演唱辅导（读唱词、学唱腔、做动作、做表情）。

（4）学生齐唱。

①注意学生眼神、表情，突出人物特征。

②注意唱腔、咬字、动作、身段的把握与控制。

3. 学习乐器"梆子"。

（1）简介梆子的来源。

梆子又称"梆板"，中国的打击乐器，随梆子腔戏曲的兴起而流行，梆子由一粗一细两根实木硬棒组成，声音清脆悦耳且坚实。

（2）教授梆子的演奏方法。

（3）学生自主练习。

（4）演奏梆子，为唱段伴奏。

设计意图：聆听不同人物的唱腔片段，引导学生了解人物及其性格特征，学习不同人物的唱段，以及对作品唱词、唱腔、身段、表情等的处理把握，使学生对作品中的人物有进一步的认识，加深对作品的理解和感受，为接下来的表演唱奠定情感基础。加入梆子这一乐器，对其进一步了解，学习演奏方法，为唱段伴奏，使作品的表现更加丰富完整。

（四）表演唱《亲家母你坐下》。

1. 分组表演唱，各自练习，师巡回指导（生生互动）。

（1）第一组演唱拴保娘。

（2）第二组演唱银环妈。

（3）第三组演唱二大娘。

（4）第四组用乐器梆子为唱段伴奏。

2. 每组由生推荐代表上台展示（男生一组、女生一组）。

3. 分角色演唱，师生互动（男生唱拴保娘，女生唱银环妈，师唱二大娘）。

4. 德育渗透，并教育学生热爱河南戏曲，传承戏曲文化。

设计意图：通过表演唱的环节，让学生在自主学习以及分组展示的过程中，进一步了解并把握豫剧的唱词、韵调规律、唱腔的起伏转折、身段的表演性，更进一步地了解豫剧，并培养学生对豫剧的兴趣。

（五）课外拓展。

1. 播放大型交响乐合唱版本的《亲家母你坐下》。

2. 师生交流，讨论感受（震撼、华丽、创新）。

3. 对比两个版本之间的不同之处（学生探讨回答）。

设计意图：欣赏交响乐合唱版本的《亲家母你坐下》，通过新颖而饱满的艺术构思，民族艺术与西洋四部和声的完美融合，拓宽学生的视野，让学生了解到，戏曲也可以用不同的形式表现，得到不同的音乐体验，认识到民族的就是世界的，进一步加深对作品的印象及喜爱，鼓励学生将中国的戏曲文化传播到世界的每一个角落。

（六）课堂总结。

1. 学生对本节课进行总结，并分享收获。

2. 师通过学生的分享进行补充及课堂总结。

同学们，这节课我们欣赏并演唱了豫剧唱段《亲家母你坐下》，走进了《朝阳沟》银环和拴保的故事，分析了传统豫剧与现代豫剧的区别，学习了新的乐器"梆子"，了解了豫剧的唱腔特点。其唱腔中的艺术表现手法，使剧中人物形象栩栩如生地展现在我们的脑海里。

希望同学们把祖国优秀的戏曲文化传承下去，让这颗璀璨的明珠更加光彩夺目，永远闪耀在世界的东方。

思考与实践

一、对照音频课例，你认为本节课的优缺点在哪里？请给予客观评价。

二、总结本节课例值得学习的地方，并将其融入自己的教学实践中展示给学生。

课例音频

京调

（五年级）

授课教师：李沙沙（焦作）

单位：焦作市山阳区富康路学校

一、学情分析

从心理上分析，五年级学生已有独立发现问题、分析问题、解决问题的能力，这是重要的心理基础。在现实生活中家长和老师应该有效地引导学生对京剧的好奇心，激发其学习的兴趣、求知欲望和勤奋学习的精神；通过了解国粹、感受体验京剧，使学生初步对京剧产生兴趣，培养学生珍视我国的国粹——京剧的思想感情。

二、教材分析

京剧是我国的国粹，形成了唱、念、做、打有机结合的艺术体系。京剧的唱腔有的悠扬委婉，有的铿锵有力，念白也具有音乐性。表演富有鲜明的舞蹈性和强烈的节奏感。乐队主奏乐器为京胡，其他还有京二胡、月琴及锣、钹、鼓等，是我国影响最广的一种戏曲。本课针对学生的年龄、学习兴趣等特点，通过听、看、演等活动，使学生体会京调作品的音乐特点，感受京剧的魅力。

三、教学目标设计

（一）知识与技能。

1. 通过听赏民乐合奏《京调》，初步了解京剧音乐的韵味与特色，认识京剧伴奏的几件主要乐器。

2. 通过聆听，听辨其乐段的不同情绪，准确区分两个不同的段落。

（二）过程与方法。

在听、模仿动作等体验活动中，感受以京剧音乐为素材而创作的浓郁京韵《京调》。

（三）情感态度与价值。

通过感受和体验，激发学生对民族民间音乐的喜爱，增强民族自豪感。

四、教学重点难点

（一）教学重点。

通过欣赏《京调》，能够听辨《京调》中乐段的不同情绪；并准确区分两个不同的段落。

（二）教学难点。

如何引导学生积极主动地参与一系列的音乐活动。

五、教学过程设计

（一）欣赏视频，感受京韵。

1. 今天老师给大家带来了一段精彩的视频，首先让我们来欣赏一下吧！

同学们，精彩吗？一起说说咱们刚才欣赏的是什么？（京剧）

2. 复习京剧相关知识。

设计意图：课堂一开始就以精彩的京剧视频导入，能吸引学生的注意力，提高学习的兴趣。

（二）引子赏析，锣鼓敲起。

1. 初听引子。

（1）音乐中你听到了什么乐器？

（2）如果想为京剧表演中的演唱部分伴奏，你们认为应该用哪类乐器？为过场和武斗场面伴奏呢？

2. 教师出示乐器，与学生互动。

（1）教师出示乐器，学生辨认乐器，聆听乐器的声音。

（2）出示锣鼓经，学生念锣鼓经。

（3）请两位学生用乐器演奏锣鼓经，其余学生念锣鼓经。

3. 和着引子念锣鼓经，演奏乐器。

师：同学们表演得真不错！接下来，让我们跟着音乐再表演一次，看看这个时候是谁来了。

设计意图：从京剧伴奏乐器入手，出示乐器，再结合锣鼓经，让学生学着念锣鼓经，感受京剧文化最传统的练习方式。了解京剧的过场和不同场景需要的典型伴奏乐器，再通过演奏锣鼓经，层层推进，体验和感受京剧的魅力。

（三）欣赏乐曲第一部分。

1. 初听 A 乐段。

（1）音乐情绪如何？

（2）主奏乐器是什么？

2. 复听 A 乐段。

3. 出示旦角照片，简单介绍梅兰芳。

4. 教师示范旦角的身段。

5. 教师分解动作教授，学生模仿学习。

6. 教师带领学生跟音乐做身段，体验旦角的俏皮娇羞。

7. 聆听《苏三起解》。

（1）简单介绍《苏三起解》的故事情节。

（2）找出与《京调》A 部分主题旋律的联系。

设计意图：聆听《苏三起解》的时候，教师简单说明京剧早期旦角由男性反串，为接下去的身段表演埋下伏笔，避免男学生学习旦角身段时感到害羞。继而跟着音乐做身段，让学生完全融入到 A 部分的音乐中。如此一来，脑海里的"旦角"形象便会更加具体生动，有利于更好地去体验京剧旦角。

（四）欣赏乐曲 B 乐段。

1. 初听 B 乐段。

（1）这个时候又是谁来了呢？

（2）这段音乐的情绪如何？（抒情的）

（3）除了抒情之外，你还感受到了什么？（豪迈）

2. 教师表演生角身段。

3. 教师分解动作教授，学生模仿学习。

4. 演唱 B 乐段歌谱。

（1）哪些地方最能体现生的豪迈气魄及情绪？（长音的部分）

（2）教师指导学生要演唱出生的豪迈气魄及情绪，注意节拍的稳定。

5. 对比聆听第一、第二乐段，问：同样是由笛子演奏的乐段，为什么会给我们两种不同的情绪感受？

（自由回答）

教师小结：是由于节奏的不同。A 乐段节奏紧密，给人欢快活泼的感觉；B 乐段节奏舒展，给人抒情的感觉。

设计意图：把问题抛给学生，让学生在感受音乐情绪的同时想象其音乐形象。这里"豪迈"的情绪比较难体会，因此教师要加以引导。对于身段的体验，让学生能感受到生角与旦角不同的感觉。

（五）完整聆听《京调》。

1. 请同学们边听音乐，边做出相应的身段。

2. 你们能听出 A、B 乐段的排列顺序吗？

教师小结：A、B 乐段的排列顺序为 ABABA，是带再现的三段体结构。

设计意图：让学生边听音乐，边做相应的身段，既加深了学生对于音乐的熟悉度，又能再次感受旦角和生角的形象。

（六）课堂小结。

同学们，通过这节课的学习，我们了解了国粹京剧。其实京剧的魅力不仅止于此，短短的 40 分钟，我们只感受到了京剧的冰山一角，老师希望通过这节课的学习，让更多的同学关注京剧，喜欢京剧。

思考与实践

一、对照音频课例，你认为本节课的优缺点在哪里？请给予客观评价。

二、总结本节课例值得学习的地方，并将其融入自己的教学实践中展示给学生。

课例音频

四千岁你莫要羞愧难当

（五年级）

授课教师：赵阳（平顶山）

单位：平顶山市新华区团结路小学

一、教学内容

学唱越调《四千岁你莫要羞愧难当》。

二、教学目标

（一）知识与技能。

初步了解越调［十字头］板式结构以及申派唱腔的艺术特点，并能用自然大气的声音简单地演唱前四乐句。

（二）过程与方法。

通过聆听、欣赏、演唱、表演等实践活动，体会越调唱腔大起大落的音韵特点。

（三）情感态度价值观。

通过视听与学唱，了解戏曲中的人物形象和故事，培养学生对河南越调戏曲文化的热爱之情。

三、教学重点

在演唱中让学生感受申派大气豪放的风格特点，并激发学生学习越调的兴趣与热情。

四、教学难点

通过学唱戏曲中第二乐句拖腔和第四乐句旋律大跳，引导学生感受戏曲的韵味。

五、教学过程

（一）组织教学。

师生戏曲韵白问好上课。

（二）故事导入，情境结合。

教师讲述《收姜维》的故事，引出本次教学的唱段。

设计意图：通过说书的形式让学生了解戏曲的故事背景，创设情境，引出唱段，激发学生学习戏曲的兴趣和热情。

（三）教师范唱，引出越调。

1. 介绍越调以及申派的艺术特点。

设计意图：通过文本认识越调及申派的演唱，为视频欣赏申凤梅唱腔的艺术特点做铺垫，进而加深学生对申派的认识和了解。

2. 聆听申凤梅大师的演唱，感受她的艺术魅力。

（四）学唱越调《四千岁你莫要羞愧难当》。

1. 再次聆听戏曲，让学生感受越调吐字和咬字及运用的河南方言。

设计意图：体会申派演唱吐字清晰、咬字铿锵有力的特点。

2. 用河南方言朗读戏词，为学习唱段奠定基础。

设计意图：让学生认识［十字头］板式结构，有节奏地用河南话朗读戏词，体验戏曲中方言的韵味。

3. 教唱。

（1）学生聆听前四乐句，学生模唱，观察老师跟着旋律的走向画的图形谱。

设计意图：学生能更直观感受戏曲旋律的起伏，为学唱戏曲做准备。

（2）学生跟着老师一起来画一画图形谱，感受戏曲旋律的音韵特点。

（3）教师对学生进行教唱，解决戏曲中演唱的难点。

设计意图：在教唱的过程中完成教学目标，解决教学重难点，出示最后一个乐句的旋律线，再次演唱体会越调大起大落的音韵特点。

（4）学生跟音乐伴奏完整演唱，感受越调的唱腔美和戏曲的韵味。

（5）同学们边表演边进行演唱，感受名将风范和申派唱腔特点。

（6）学生进行编创表演。

（五）课堂延伸。

播放视频，让学生认识到传承和发扬优秀传统文化是我们义不容辞的责任。

（六）课堂小结。

同学们，这节课我们学习了越调唱段《四千岁你莫要羞愧难当》，了解了越调的演唱特点，感受到了越调的魅力。中国的戏曲源远流长，全国许多地方都有自己的剧种，可谓百花齐放，异彩纷呈。希望同学们把祖国优秀的戏曲文化传承下去，让这颗璀璨的明珠更加光彩夺目，永远闪耀在世界的东方。

思考与实践

一、对照音频课例，你认为本节课的优缺点在哪里？请给予客观评价。

二、总结本节课例值得学习的地方，并将其融入自己的教学实践中展示给学生。

课例音频

永远的十九号

（五年级）

授课教师：刘录平（平顶山）

单位：平顶山市湛河区实验小学

一、教学内容

欣赏河南坠子唱段《永远的十九号》（片段）。

二、教材分析

河南坠子是国家非物质文化遗产，也是平顶山市湛河区实验小学的校本课程。

河南坠子俗称坠子书，是一种曲艺说唱艺术，由流行在河南、鲁西南、皖北等地的曲艺道情、三弦书、莺歌柳等组合形成。因源于河南并以河南话为主要音韵、以坠胡为主要伴奏乐器而得名。

河南坠子《永远的十九号》，是河南坠子泰斗赵铮老师的学生刘乐演唱的坠子小段。这个坠子小段通过讲述齐长城下通信站话务员娟娟，在国家财产和连队的安全受到威胁时，不顾个人安危，奋不顾身、挺身而出的故事，赞扬了娟娟舍己为公的大无畏精神。本节欣赏学习的是这段唱腔里赞颂娟娟的一个片段。这个片段通过闪板的处理和速度上的变化，展现出战友们对娟娟的歌颂和不舍。

三、教学目标

（一）通过欣赏、聆听，感受河南坠子说唱结合的艺术特点，了解河南坠子的表演形式及主要伴奏乐器。

（二）能准确地跟着伴奏音乐表演《永远的十九号》高潮部分，表现河南坠子的艺术之美。

（三）通过欣赏、演唱培养学生热爱河南、热爱民族艺术的情感。

四、教学重点

欣赏河南坠子名段《永远的十九号》，学唱高潮部分。

五、教学难点

河南坠子的闪板唱法，"0× 0× | ×× ××……"。

六、教具准备

多媒体、简板、教学用琴。

七、教学过程

（一）故事激趣，导入新课。

1. 聆听故事，初步感受河南坠子。（师表演唱河南坠子《永远的十九号》片段）

出示问题：

（1）老师用的是哪里的方言？

（2）是用什么样的方式（艺术形式）来讲述这个故事的？

2. 导入新课，出示课题。

设计意图：聆听《永远的十九号》片段，感受河南坠子的说唱艺术形式及音韵特点。

（二）聆听感受，体验新知。

1. 简单介绍河南坠子。

2. 介绍河南坠子的主要伴奏乐器。

"河南坠子"是一种说唱艺术。它的主要伴奏乐器是什么呢？我们一起来认识一下吧！（课件出示乐器图片）

这是河南坠子的主要伴奏乐器。除了坠胡，河南坠子还有一种打击乐器，它叫简板。

请学生拿起老师准备的简板，让学生近距离地观察了解这种打击乐器。

设计意图：通过认识河南坠子和了解伴奏乐器，丰富学生的学习兴趣。

3. 欣赏坠子小段高潮部分，请同学们说出自己对这一唱段的感受。

4. 复听唱段，解决难点。

（1）找出曲谱中的休止符——解决唱段中的难点。

（2）简单介绍河南坠子的唱腔。

河南坠子的唱腔主要是徵调式，板式通常是一板一眼（即 2/4），也有有板无眼（即 1/4）。我们今天欣赏的这个唱段板式是"一板一眼"。"板"的前半拍休止的唱法在戏曲里叫"闪板"，也就是打板的时候不唱词，把"板"闪过去。"闪板"是河南坠子的特色唱法。

5. 再次聆听《永远的十九号》高潮部分，请同学们用简板把闪板位置打出来。

设计意图：通过对唱段的多次欣赏，使学生熟悉乐曲，了解乐曲，增进学生的学习乐趣，为后面的学唱奠定基础。

6. 说唱词。

请学生跟老师一起按节奏说唱词，再次突破难点。

7. 学唱，解决难点。

设计意图：通过老师带领学生对唱段旋律和唱词的练习，突出教学重点，有效突破难点。

8. 巩固练习。

（1）分小组接唱。（在学生演唱中发现问题，并及时解决）

（2）完整演唱。

9. 背唱歌曲：学生小声跟琴练习背唱。

10. 表演唱。

设计意图：学生通过多样的体验学习活动，体验成功的乐趣。

（三）对比感受，拓展延伸。

1. 欣赏《永远的十九号》片段的原唱版，找出演员二度创作的地方。这样处理有什么样的效果？

2. 了解河南坠子的表演形式——河南坠子的主要表演形式是一人伴奏、一人表演，即"一人多角"。近年来，舞台上也出现了双人对唱、多人表演，使河南坠子的表演形式更加丰富多彩。

3. 欣赏我校师生表演的坠子小段。

4. 播放赵铮老师生前对孩子们提出期望的视频，激发学生学习民族艺术并将其传承下去的决心。

设计意图：通过对原版唱段的欣赏、表演形式的了解，以及河南坠子赵派泰斗对孩子们的期望，来激发学生对民族艺术的热爱。

（四）课堂小结。

河南坠子是我国宝贵的非物质文化遗产，希望大家以后多关注河南坠子，多了解河南坠子。愿我们的河南坠子永远流传！

思考与实践

一、对照音频课例，你认为本节课的优缺点在哪里？请给予客观评价。

二、总结本节课例值得学习的地方，并将其融入自己的教学实践中展示给学生。

课例音频

小猫钓鱼

（五年级）

授课教师：聂慧娟（平顶山）

单位：平顶山市新华区中心路小学

一、教学内容

河南坠子《小猫钓鱼》片段。

二、教材分析

河南坠子，俗称坠子书、简板书或响板书，是一种传统的曲艺形式，因其源自河南省，演唱语音为河南方言，同时又有坠子伴奏，故名河南坠子。2006 年被国务院列入第一批国家级非物质文化遗产名录。河南坠子《小猫钓鱼》是平顶山市河南坠子赵派传人郭淑菊老师根据同名童话故事创作的坠子作品，唱词幽默风趣，坠子韵味十足，非常适合学生学习。全曲共分为四段，本课主要学习第一段。这一段中两个"鱼"字运用了河南坠子中的甩腔，"见妈妈"是河南坠子中的［垛子板］，同时还出现了闪板，非常富有特点。

三、教学目标

（一）能用幽默风趣的声音演唱河南坠子《小猫钓鱼》片段，用响板模仿简板，初步做到边唱边打板，表现出河南坠子的韵味。

（二）在模仿、演唱和表演等音乐实践活动中，解决闪板难点，体验河南坠子韵味。

（三）通过学习本课，激发学生对河南坠子这一传统曲艺形式的喜爱，进而培养学生对中华民族传统文化的情感。

四、教学重点

用幽默风趣的声音演唱河南坠子《小猫钓鱼》片段，初步体验河南坠子浓郁的乡土气息。

五、教学难点

唱准闪板、唱出河南坠子的韵味是本课难点。

六、教学设计思路

河南坠子这一曲艺形式对于学生来说比较陌生，课前播放河南坠子《小猫钓鱼》，使学生在无意识的聆听中初步感知河南坠子；接着，以谈话的形式引导学生从无意识的关注到有意识的思考，引出本课课题。通过对河南坠子的介绍，使学生初步了解河南坠子，激发学习兴趣。河南坠子的表演特点是边唱边打简板，本课学唱的片段中还发现了有一定难度的甩腔和闪板。为了让学生在课堂上能体验到河南坠子的表演特点，在教学中以简板节奏为主线，用常见的打击乐器响板来代替简板，通过练习打板、河南话读唱词，引导学生掌握简板的两种打法，逐步解决闪板难点，初步做到边唱边打板，表现出河南坠子的韵味。最后，欣赏传统坠子曲目《私访包公》，激发学生对传统文化的热爱。

七、教具准备

钢琴、简板、响板、多媒体。

八、教学过程

（一）导入新课。

1. 课前播放河南坠子《小猫钓鱼》，学生伴随音乐走进教室。

2. 教师提出问题：你刚才都听到了什么？想到了什么？

3. 教师总结，点出本课课题。

设计意图：课前播放《小猫钓鱼》，使学生在无意识的聆听中初步感知河南坠子，然后以谈话的形式引导学生从无意识的关注到有意识的思考，引出本课课题。

（二）学习新课。

1. 认识简板，体验打板。

（1）介绍河南坠子相关知识，引导学生关注河南坠子的表演形式，引出简板。

（2）学生用响板模仿简板，体验打板。

（3）教师演唱《小猫钓鱼》第一段，学生和老师一起打板，同时找出描写小花猫看妈妈钓鱼的句子。

（4）教师演唱"见妈妈"，引导学生观察教师简板节奏的变化。

（5）学生练习［垛子板］和一板一眼的节奏，再次随教师的演唱体验河南坠子的表演特点，熟悉学唱片段。

设计意图：本环节通过对河南坠子的介绍，使学生初步了解河南坠子，激发学习兴趣，引出简板这一打击乐器，指导学生用响板练习简板一板一眼和［垛子板］的节奏，并随教师演唱、打板，使学生感受河南坠子边唱边打板的特点，熟悉旋律，为学习坠子奠定基础。

2. 方言读词，学习演唱。

（1）教师用河南话教读唱词，要求咬字、吐字清晰，读出河南语音的韵味。

（2）解决闪板难点。

（3）加入表演动作再次读词，初步做到声情并茂。

（4）学生跟音乐演唱。

（5）教师及时纠正出现的问题，引导学生唱出河南坠子的韵味。

设计意图：本环节通过河南话读唱词，体会河南坠子的韵味，以读带唱，逐步突破闪板难点。同时加入表演动作，指导学生唱出韵味，进一步体验河南坠子的表演特点。

3.师生配合，表演坠子。

（1）师生配合演唱第一段。

（2）多种形式演唱巩固。

设计意图：师生配合，再次演唱第一段，使学生进一步感受河南坠子，从中感受获得成功的喜悦，从而激发对河南坠子这一传统曲艺形式的热爱。

（三）拓展教学。

1.请学生总结本节课的学习、收获，引导学生初步感知河南坠子所具有的浓厚的河南地方乡土气息。

2.欣赏河南坠子传统长篇大书《私访包公》片段，激发学生对传统文化的热爱，同时理解传承传统文化的重要性。

设计意图：本环节通过总结收获、欣赏视频，使学生回顾河南坠子表演特点，直观感受河南坠子的舞台魅力，再次激发对河南坠子的喜爱。

（四）总结下课。

思考与实践

一、对照音频课例，你认为本节课的优缺点在哪里？请给予客观评价。

二、总结本节课例值得学习的地方，并将其融入自己的教学实践中展示给学生。

驸马爷近前看端详

（五年级）

授课教师：刘锋（南阳）

单位：南阳市第二完全学校初级中学

一、教学课题

传统京剧《铡美案》中包拯的唱段——《驸马爷近前看端详》。

二、教学目标

（一）初步学唱京剧《铡美案》选段并尝试进行戏曲表演。

（二）以"戏迷擂台赛"闯关学习的模式，通过聆听、读词、唱谱、自学、展示纠错和尝试表演，体味传统京剧的魅力。

（三）了解更多的京剧知识，进一步加深对戏曲文化的热爱和传承。

三、教学重难点

（一）初步学唱，尝试表演。

（二）突破节奏、换气、旋律的难点。

四、新突破及新的教学思路

（一）戏曲知识渗透：从情境导入到学唱表演，从多个角度，按照一定的顺序，渗透了行当、装扮、声腔、板式、功法等戏曲知识。

（二）介绍剧情有助于唱段的学习和铺垫。

（三）熟悉唱词，采用听唱、展示纠错、讲解（气口、断句、击拍）、巩固等方式进行，让学生更容易熟悉戏词的节奏，为学唱戏曲奠定基础。

（四）学唱过程尝试让学生通过唱谱、模唱、听唱等方式进行自主学唱，并结合展示纠错、巩固练习等方式提升效果。

（五）重视学生的体验和感受。从导入、提问、学唱到表演，精心准备课件和道具，让学生用心体验，用心感受，这能让学生的收获更加丰硕和扎实，也能更快、更好、更圆满地达到教学目标。

（六）评价和激励是学生探索前进的不竭动力，用戏迷擂台闯关的方式循序渐进地进行激励和带动，效果是很明显的。

五、作业要求

收集学习京剧的伴奏乐器和脸谱等更多的戏曲知识，感受中国戏曲文化艺术的博大精深。

六、教具准备

多媒体、琴、打击乐器、髯口、面具、服装等。

七、教学过程

（一）创设情境，范唱谈话，导入新课。

1. 组织教学。

老师用念白的形式和学生打招呼（同学们，好啊——！），学生用同样的方式回应（老师好啊——！）（同学们——请坐！）（谢谢老师！）

2. 导入课题。

师：京剧是我国的国粹。它有四大行当，你知道四大行当是什么吗？

生：（生、旦、净、丑。）

师：生，男性；旦，女性；净，花脸；丑，滑稽幽默。

师：请同学们闭上眼睛，音乐（锣鼓经）响起的那一刻才能睁开，比一比哪位同学更能信守承诺。

师：（音乐起）猜猜我现在的扮相是谁？生：（包公。）

师：四大行当，你知道包公属于哪个行当吗？

生：（净，因为他是"花脸"。）

（说不出时老师及时引导：黑脸、白眉、月牙）

师：包公是"花脸"，属于"净"的角色。（板书净）

师：接下来请听老师的范唱。（范唱完）今天我们就来学习京剧《铡美案》选段，名字叫《驸马爷近前看端详》。（板书课题）

过渡：首先，让我们了解一下剧情。

（二）了解剧情，激发兴趣。

师：本唱段出自传统京剧《铡美案》。它讲述了陈世美家境贫寒，与妻子秦香莲和两个孩子相依为命，陈世美十年苦读，进京赶考，得中状元后隐瞒自己已经结婚的事实，被皇上招为驸马（皇帝的女婿）。秦香莲久无丈夫消息，就带着两个孩子进京寻夫，但陈世美不肯与其相认，还派人半夜追杀。后来，开封府包大人找到人证物证，顶着公主和太后的双重压力，终将陈世美送上龙头铡，以正典刑。这一段，正是包公让陈驸马看状纸时的唱段。

（三）戏迷闯关，自主学戏。

过渡：今天的戏迷擂台赛正式拉开帷幕，成功闯关者即可获得小礼品哟，让我们走进第一关——乐谱关。

1. 第一关——感知旋律，视唱乐谱。

①聆听原唱。

师：请大家聆听原唱，感受旋律。

②师弹琴范唱乐谱，学生跟唱或模唱。

师：请听老师范唱（慢速）乐谱，大家认一认音符。

③师打着节奏唱，学生跟唱或模唱。

师：请再听一遍，同学们可以小声跟唱，有困难的可以用"啦"模唱。

④强调前奏（过门），单独学唱。

师：乐谱开头括号里的旋律是戏曲的前奏，也叫"过门儿"，是开唱前的过渡，我们来练习一下。

师：（练几遍后）我们来检测一下，一定要听准喽！

师：哪位同学来挑战一下前奏关，请举手。（检测评价）

⑤生唱：小声跟琴唱一遍曲谱。

过渡：心中有谱，才能畅通无阻，接下来让我们走进第二关——学唱关！

2. 第二关：自主聆听学唱，从旋律解决唱词。

①聆听原唱，感知旋律。

师：下面请同学们再次聆听一下原唱，注意断句和气口的位置。

②老师打节奏范唱，学生小声跟唱。

师：请听老师范唱，大家轻打节奏在心里默默跟唱。

③老师弹琴范唱两遍，学生聆听跟唱。

师：请大家随着老师的琴声小声跟唱两遍。

④聆听原唱，学生小声跟唱，发现问题，解决问题。

师：请同学跟着原唱小声唱一遍。

⑤针对性解决休止和跨小节切分问题（前奏、气口、连贯）。

⑥跟着琴巩固练习，快速解决问题（如前奏）并适当提速。

⑦再听原唱小声跟唱，发现问题，解决问题。

⑧学生展示，检测评价。

师：哪位同学来挑战一下第二关——学唱关？（展示、评价）

过渡：除了唱词和旋律，戏曲还应该有韵味。让我们向韵味关发起冲锋。

3. 第三关：声腔板式及韵味。

①感知速度和情绪。

师：同学们，这个唱段的速度和情绪是怎样的？

生：（快速、坚定、有力。）

②说明声腔与板式。

师：这与京剧的声腔、板式有关系，京剧有两大唱腔，［西皮］和［二黄］。［西皮］唱腔的特点是坚定、铿锵、有力、激越。接下来欣赏一段［二黄］的唱腔感受一下。（欣赏完）

师：你觉得今天学习的唱段属于什么？

生：（［西皮］。）

师：正确。本唱段还带有愤怒和控诉的情绪。这个唱段的声腔是［西皮］，板式是快板，有板无眼（有强无弱）。

③说明花脸角色的声腔特点：

师：京剧花脸角色讲究实大声宏、刚直激越，注重气势，有弹性。

④请同学们挑战一下声腔韵味关。

生展示，师评价。

过渡：戏曲是一门综合舞台艺术，加上动作才更有范儿，让我们走进最后一关——戏曲表演。

4. 第四关：戏曲表演。

①学习戏曲动作。

师：包公这段戏里有几个经典动作，请起立，跟着老师练习。

师：近前看端详（抓手腕）。

上写着（甩水袖，托举，看）。

压（向下按）。

大堂上（捋胡子）。

②跟着童星学表演。

师：我们来跟着小童星的动作边唱边做自己喜欢的动作。

（师巡视，选人下台准备）

③带妆展示，评选"金奖擂主"。

过渡：同学们越来越像小包公了，我们得扮上装才更像包公。"包大人"升堂啦！威武——大家一起唱起来，为"包大人"助助威。

师：今天的"金奖擂主"终于出现了，退堂——太棒了，掌声送给他们。（师生评价并奖励）

（四）拓展总结及作业。

1. 四功五法（可留为作业）。

师：京剧除了四大行当外，还有四功五法。四种基本功：唱、念、做、打；五种表演技法：手、眼、身、法、步。

2. 小结及作业。

师总结：今天我们学习了京剧《铡美案》选段《驸马爷近前看端详》，明白了它的唱腔是［西皮］，板式是快板，还感受了包公的威武和一身正气。还了解了不少京剧知识，感受了中国戏曲文化的博大精深。其实京剧除了伴奏乐器、脸谱等，还有很多知识需要我们去学习和挖掘，希望同学们努力学习戏曲知识，为中华民族的优秀传统文化做好传承。正所谓：梨园新蕾美佳佳，发扬全靠你我他。

思考与实践

一、对照音频课例，你认为本节课的优缺点在哪里？请给予客观评价。

二、总结本节课例值得学习的地方，并将其融入自己的教学实践中展示给学生。

四千岁你莫要羞愧难当

（五年级）

授课教师：李姗姗（济源）

单位：济源市五龙口镇尚二小学

一、教学目标

（一）知识与技能。

通过学习越调唱腔、身段表演，引导学生了解河南地方戏曲——越调，培养学生对河南越调的热爱之情。

（二）过程与方法。

1. 通过欣赏视频表演，感受主人公的情感、内涵和剧中人物特征及表现手段。

2. 在欣赏、感受、模仿、表演、交流等活动中，培养学生主动参与学习越调唱腔的意识，鼓励学生模仿唱腔、身段表演。

（三）情感、态度与价值观。

1. 让学生在欣赏优美唱腔的旋律中领略越调的美感和魅力，增强学生热爱地方剧种的兴趣。

2. 通过唱腔学习、身段模仿，使学生走进戏曲、了解越调、喜欢地方剧种，进一步深化学生弘扬民族文化的责任感。

二、教学重点

引导学生学习越调《四千岁你莫要羞愧难当》唱段，模仿身段表演。

三、教学难点

引导学生用中州韵发音学习越调唱段《四千岁你莫要羞愧难当》。

四、教学思路

本节课以学生为主体，提高学生在学习活动中的参与度，通过合理科学的学习环节，学习越调唱腔、身段表演，激发学生了解河南地方戏曲——越调的积极性，培养学生对河南越调的热爱之情。

五、教学突破

在唱腔学习过程中，用中州韵发音逐句教学，让学生体验、感受越调唱腔发音，感受戏曲韵味，为学唱奠定基础。

六、作业要求

听赏《诸葛亮吊孝》（申凤梅经典唱段）。

七、教具准备

多媒体。

八、教学过程

（一）导入。

1. 组织教学，师生问好。欢迎大家走进戏曲课堂。

2. 了解越调，认识申凤梅。

师：说到戏曲，我们身为河南人，你们知道河南的三大剧种是什么吗？（豫剧、曲剧和越调）今天，就让我们一起走进河南三大剧种之一——越调，学习越调经典唱段，感受越调魅力。

设计意图：从戏曲剧种着手，将学生注意力快速集中在戏曲本身，并迅速地进入到戏曲知识的学习之中。

①介绍越调。

河南三大剧种之一。演出形式有三种：第一是皮影越调戏；第二是木偶越调戏；第三是越调大戏班。也就是说，越调除戏曲形式外还有曲艺和木偶两个分支。越调音乐历史悠久，既有较多的曲牌，又有较完整的板腔。唱腔主要为"越调"，有时也兼唱"吹腔""昆腔""七句半"等。伴奏乐器以四胡为主，卧笛、月琴为辅，后来逐渐增加了短杆坠胡、闷子、二胡、唢呐、三弦和琵琶等。

②介绍申凤梅。

师：一说到越调，我们不得不提起越调申派代表人物——申凤梅。越调一代宗师申凤梅先生是漯河临颍人，11岁开始学艺，14岁登台。从艺57年，曾先后在传统戏、新编历史剧及现代戏等200多个剧目中扮演过生、旦、净、丑等各种行当的角色，塑造了多个性格迥异的艺术形象。可谓是"戏路宽广、功夫全面"。她表演真实，动作稳健，吐字清楚，以声带情，行腔婉转，声音宽厚有力，质朴豪放，形成了独特的申派艺术。

设计意图：认识越调大师——申凤梅，增加学生的戏曲知识积累。通过了解人物故事，感受艺术家专注、专业的艺术素养与品格。

师：今天我们要学习的内容就是申凤梅老师的作品之一——《收姜维》中的唱段《四千岁你莫要羞愧难当》（板书）。

③简要讲述智收姜维的故事。

三国时期，西蜀丞相诸葛亮北伐中原，用诈城之计攻夺北魏的天水关，姜维识破计谋，并将计就计。诸葛亮得知赵子龙在天水关前被围困，十分震惊。于是就命人去阵前打探，查明是何人布阵，其人如何。得知天水关领兵布阵之将名叫姜维，是一个智勇双全、孝义无双的贤将良才，虽才高智广，却身居偏隅，郁郁不得志。诸葛亮就决心纳录英才，收服姜维。最后，姜维被困在凤鸣山下。诸葛亮晓以大势，耐心说服，并接来家眷使姜维合家团圆，终使姜维心悦诚服地归降西蜀。

④介绍戏曲行当。

师：戏曲中根据人物的性别、年龄、性格、身份的不同，把人物划分为四个类型，也就是四个行当：生、旦、净、丑。

（二）听赏结合，体验唱腔。

1.播放越调《收姜维》选段《四千岁你莫要羞愧难当》（申凤梅演唱）视频。

师：视频中申凤梅老师扮演的诸葛亮是什么行当呢？

视频中唱段人物属于生行，让我们一起来学习老生唱段《四千岁你莫要羞愧难当》。

2. 播放《四千岁你莫要羞愧难当》唱段。

师：视频中人物唱段是用普通话发音吗？（不是）

越调唱腔用中州韵发音，讲究字正腔圆，吐字清晰，有板有眼，节奏鲜明。

3. 用中州韵发音逐句教戏词。

注意体会越调发音，感受越调韵味。出示曲谱，注意旋律走向与发音。

设计意图：河南地方剧种以中州韵发音，以中州韵逐句教学，使学生感受戏曲韵味，并为学唱奠定基础。

简单解释戏词：四千岁、山人、情由。

这个唱段是在赵子龙打了败仗的情况下，诸葛亮在劝他，所以我们唱的时候要情真意切一些。

设计意图：简介《智收姜维》的故事，创造教学情境，为学生创造良好的学习环境，使其理解唱段人物情感，激发学生积极的学习热情。

4. 读一句，唱一句，逐句教唱（打拍子，强调坐姿）。

"四千岁你莫要羞愧难当，听山人把情由细说端详。"

师：注意挺胸、抬头、收腹（引导学生打着梆子唱）。

我们要跟上梆子，跟上节奏。"由"从发音开始就把气顶满、唱足；"当""详"尾音，收音。

5. 轻声跟唱。

师：要注意把口腔充分打开，字正腔圆，用圆润的声腔，把每一个字清晰地唱出来，让观众听清你的唱词，我们轻声跟唱。

师：大家唱得有节奏感了。接下来呢，我们要声情并茂地唱，通过我们的唱把诸葛亮的内心情感唱出来。

6. 跟着视频再学唱一遍。

设计意图：通过关注戏曲自身特点，进而拓展为关注戏曲中的文化内涵，实现对戏曲唱段的深入学习。

（三）模仿体验，学习身段。

1. 加入表演。

师：戏曲讲究"四功五法"，下面，我们尝试加上动作来表演《四千岁你莫要羞愧难当》。我示范表演一遍。请全体同学起立，首先丁字步站好，挺胸，收腹，把臀部肌肉收紧，面带微笑，动作要稍微夸张一点。结合老生的特点（手臂圆圆、手指弯弯，含胸，强调站姿），同学们注意这几个表演动作。

走步（身体带动转身、勾脚、落地）、捋胡子（手形）、摇扇子（名相风范，大气、自信）。（老师背对学生，一起表演一遍）

2. 整体演唱。

师：同学们要大胆地表现自己，大家跟着视频一起表演好吗？站好丁字步，挺胸、收腹，注意唱腔、表情、动作都要展示。（播放《四千岁你莫要羞愧难当》）

师：大家表演的时候要想象自己就是诸葛亮，要畅达洒脱、大气自然、意切情真，通过唱腔、表情和动作，生动表现出诸葛亮运筹帷幄、胸有成竹和大智大勇、胸可撑舟的名相风范。

3. 小组活动。

师：大家学得太投入了。现在我们分为四个小组，各组交流三个程式动作——走步、捋胡子、摇扇子，看怎样表演更符合人物形象，使表演更出色，一会儿到前边来展示。

申凤梅老师在七部"三国戏"中成功塑造了诸葛亮的艺术形象，别具风采，誉满全国艺坛。课后，大家可以欣赏申凤梅老师在《诸葛亮吊孝》中的经典唱段。

（四）结语。

河南越调是中国戏曲的重要组成部分，为丰富我们河南本土百姓的精神文化生活做出了不可小觑的贡献。2006 年 5 月 20 日，经国务院批准，河南越调正式被列入"第一批国家级非物质文化遗产名录"。老师真心希望大家多听戏、多看戏、多学戏，成为越调爱好者，使我省的传统文化得以传承并发扬光大。

同学们，今天的课就上到这里。谢谢大家，再见！

思考与实践

一、对照音频课例，你认为本节课的优缺点在哪里？请给予客观评价。

二、总结本节课例值得学习的地方，并将其融入自己的教学实践中展示给学生。

课例音频

谁料皇榜中状元

（六年级）

授课教师：冯其艳（焦作）

单位：焦作孟州市赵和镇中心校

一、教学内容

（一）学唱黄梅戏《女驸马》选段《谁料皇榜中状元》。

（二）音乐创编表演活动。

二、教学目的

（一）学习用自然流畅、委婉动听的声音演唱黄梅戏选段《谁料皇榜中状元》第一段，能够用简单的动作进行戏曲表演，并尝试有个性的创造性活动。

（二）通过本课的学习，学生对黄梅戏这一戏曲剧种产生兴趣，在听赏、学唱、表演等音乐活动中获得积极、愉悦的情感体验。

（三）感受中国戏曲的博大精深，感悟祖国丰富的民族音乐文化遗产，民族自豪感进一步增强。

三、教学重点

（一）感受黄梅戏鲜明丰富的戏曲色彩，能用委婉动听的声音演唱《女驸马》选段《谁料皇榜中状元》第一段。

（二）激发创作思维，创编动作并表演唱段。

四、教学难点

较逼真地模仿黄梅戏委婉动听的唱腔特点。

五、教学突破及新思路

在感受、学唱等一系列活动的基础上激发学生的创作灵感。

六、教具准备

多媒体，戏曲服装道具。

七、教学过程

（一）导入新课。

同学们好，欢迎来到音乐课堂。今天老师给大家带来一首歌曲，请同学们听听这首歌跟我们平时听到的歌曲有什么不同。

1. 这首歌曲具有哪种艺术风格的鲜明特点？（戏曲）

2. 戏曲是中华民族的艺术瑰宝，它主要有五大剧种。同学们知道它们分别是什么吗？师：中国的五大剧种有京剧、豫剧、越剧、评剧、黄梅戏。老师来演唱，同学们分辨老师唱的属于哪一剧种？师唱："刘大哥讲话理太偏，谁说女子享清闲"（豫剧）。师唱："树上的鸟儿成双对，绿水青山带笑颜"（黄梅戏）。今天让老师带领大家一起走进黄梅戏的舞台，感受它所带来的独特魅力。

（二）讲授新课。

1. 学习黄梅戏知识。

黄梅戏，旧称黄梅调或采茶戏。它发源于湖北、安徽、江西三省交界处的黄梅多云山。它的主要伴奏乐器是高胡；唱腔淳朴流畅，委婉动听，以明快抒情见长，具有丰富的表现力；黄梅戏代表性的作品有《天仙配》《女驸马》《打猪草》等。

著名表演艺术家：严凤英、韩再芬。

师提出问题，进一步巩固有关黄梅戏的知识。今天我们就来学习黄梅戏经典剧目《女驸马》中的唱段《谁料皇榜中状元》。

2. 作品简介。

师讲解《女驸马》的故事：

主人公冯素珍和李兆廷自幼青梅竹马，由双方父母订下婚约。后李家败落，李兆廷投亲冯府。谁料岳父母嫌贫爱富，逼迫李兆廷退婚。素珍花园赠银，被冯父撞见，诬告李兆廷偷盗，将其送至官府，押入大牢。素珍为救李郎，男装出逃。以李兆廷之名参加科考一举中魁，被强招为驸马。花烛之夜，素珍冒死陈词感动公主，在公主的帮助下，冯素珍和李兆廷有情人终成眷属，女驸马的故事流传至今。

3. 欣赏名家唱段。

我们先来欣赏著名表演艺术家严凤英老师带来的精彩唱段，请同学们感受唱腔、情绪、节奏等特点。

唱腔具有什么特点？（委婉动听）唱段是怎样的情绪？（高兴、喜悦）唱段的节奏有什么特点？（欢快、流畅）

4. 准备活动。

发声练习（要求：身体坐直，口腔打开）：波浪音和螺旋音。

5. 教师范唱。

6. 分句教唱、练唱、展示。

师：唱段分为四句词。第一句：为救李郎离家园。第二句：谁料皇榜中状元。第三句：中状元，着红袍。第四句：帽插宫花好哇，好新鲜哪。

分句教唱——练唱（分组练唱、师生互动）——展示学唱成果。

（三）音乐活动。

师：戏曲是一种表演艺术，现在请同学们根据刚才欣赏的名家唱段和老师的表演为唱段创编动作。

1. 发放道具，学生分组进行动作创编，师巡视指导。

2. 学生跟音乐练习创编动作。

3. 分组展示创编成果，师指导集体表演动作。学生穿戏曲服装将表演升华。

（四）课堂延伸，布置作业。

戏曲作为中国的传统艺术，被越来越多的年经人所喜欢，传统的戏曲音乐不断融入现代流行音乐元素，使其更加绚烂迷人！

作业：

请同学们课下查找并欣赏青年歌唱家陈燕妮演唱的现代版《谁料皇榜中状元》，在欣赏时，请同学们学唱后两段词，并创编动作。

（五）课堂小结。

师：中国的戏曲博大精深，今天我们了解了中国的五大剧种，学习了有关黄梅戏的一些基本知识，学唱和表演了《谁料皇榜中状元》，希望同学们今后能够学习更多的戏曲知识，传承经典！今天的音乐课到这里就结束了，感谢同学们的精彩表演，下课！

思考与实践

一、对照音频课例，你认为本节课的优缺点在哪里？请给予客观评价。

二、总结本节课例值得学习的地方，并将其融入自己的教学实践中展示给学生。

课例音频

抬花轿

（六年级）

授课教师：齐艳玲（周口）

单位：周口市扶沟县城关镇红卫小学

一、教学目的

（一）能基本演唱《抬花轿》选段，感受浓郁的豫东调风格。

（二）能通过小组合作等方式表演《抬花轿》，体验亲身参与的快乐。

二、教学重点

有感情地演唱《抬花轿》选段。

三、教学难点

（一）"滴滴"两字拖腔的唱法。

（二）会用音断气不断的方法演唱"笑滴滴"。

（三）最高音"周凤莲"用急吸气、有力度的假声唱法。

四、教学创新与思路

（一）由豫剧《抬花轿》前奏音乐导入，初步感受豫剧，便于直接导入《抬花轿》的学习。

（二）在学习"笑滴滴"音断气不断的发声方法时，从学生的经历中找感觉，比如启发学生模仿小羊叫的声音练习，学生很快就会掌握。

（三）在讲解豫剧的基础上，结合《抬花轿》给学生讲解豫剧从唱腔上可分为豫东调和豫西调两大流派，让学生对我们河南的地方戏有更深的了解，从而更加热爱、喜欢家乡戏，增强自豪感。

（四）表演部分，教师只做引路人，充分发挥学生的主观能动性。通过观看视频、小组合作等方式表演抬花轿，出示抬花轿队形参考示意图，教师示范讲解共性难点。

（五）小组展示。最后以一小段舞台情景再现，同学们做抬花轿表演活跃课堂气氛。

五、教具准备

多媒体。

六、作业要求

课后在网上下载视频进行欣赏，并通过网络了解《抬花轿》整个故事情节。

七、教学过程

（一）创设情境：简介豫剧导入。

播放豫剧《抬花轿》前奏，通过节奏、速度、力度等音乐要素，初步感受喜庆、欢快、热闹的情绪。

教师：谁能说说刚才这段音乐给你的感受？（喜庆、欢快、热闹。）

这是豫剧《抬花轿》的前奏。

教师：豫剧是我们河南地方戏中第一大剧种，唱腔铿锵大气、抑扬有度、吐字清晰、韵味醇美，凭借其高度的艺术性深得社会各界人士的喜爱。根据区域及唱腔风格分为豫东调、豫西调等流派，《抬花轿》就是豫东调。

教师：今天咱们将通过学习《抬花轿》去领略豫东调独有的魅力。

（二）教学过程。

1. 欣赏视频《抬花轿》。

教师：下面请欣赏由豫剧名家王清芬老师演唱的《抬花轿》选段。

在欣赏时要注意听其唱腔有哪些特点。（放视频欣赏）

教师：谁能回答老师的问题，豫东调《抬花轿》唱腔有什么特点？

学生：（明快、音调高等。）

教师总结：音域较高，吐字较快，高亢、明快、俏丽，多用假腔等。

2. 简介豫剧《抬花轿》故事背景及依字行腔。

教师讲述：豫剧《抬花轿》早期又叫《文武换亲》或《香囊记》，是老百姓特别喜欢的一出戏。民间有一种说法："看了《抬花轿》，神魂都颠倒。"关于整场戏同学们可以课后在网上下载欣赏，刚才大家欣赏的这段是其中最精彩、流传最广的唱段《坐轿》，描述的是在明代永乐年间，新科武状元要迎官家女周凤莲，周凤莲坐轿前往夫家的场景。平时同学们喜欢听戏吗？

生：（喜欢。）

教师：能不能给大家来上几句？（个别学生积极展示）

教师：或许还有部分同学会感觉戏曲咿咿呀呀唱半天也听不懂，是不是？

生：（是。）

教师：其实许多地方戏都与当地的方言有着直接的联系，主要是依字行腔，也就是在说话的基础上加上戏曲的韵味。掌握住这个规律，戏曲学起来就不太难了！

3. 学唱《抬花轿》乐句。

（1）假声练习发音。

①刚才大家已经初步了解并感受了豫东调风格，多用假声演唱。下面跟着老师练习假声发音：咿咿呀呀。

练习时要求：腰板挺直，腰下部用力，笑肌提起，有神采飞扬的感觉。这样的声音才有力度。

②用河南话假声说唱词。

要求：吐字清晰、腹部用力、笑肌提起。（评价学生：同学们悟性可真高）

③用这种感觉齐说唱词。（先齐说再分组）

④老师范唱（换幻灯片，播放伴奏，师表演唱），请同学们再次感受豫东调明快、俏丽的唱腔。

⑤戏曲教学讲究口传心授，希望大家用心聆听、认真唱，跟着老师逐句学唱，注意吐字要清晰。

（2）突破难点一。

①分句教学"周凤莲坐轿里我笑滴滴"。

②结合依字行腔和河南话进行教学，逐渐唱出戏曲韵味：尾音下滑。

（3）突破难点二。

老师范唱"笑滴滴"（一种直腔，一种颤腔），让学生比较区分，然后练习摸索音断气不断唱法，联系生活实际模仿小羊叫的声音或生活中笑得上气不接下气的感觉，练习体会。

（4）突破难点三。

剧中的周凤莲热情、善良、豪爽，唱"周凤莲"时高音要甩上去。前半拍大家急吸一口气，收腹，声音往上走。（加手势辅助教学重点练习）

（5）跟老师完整演唱，关注难点。

（检查需攻破的三个难点）

（6）速度加快，这样更能体现出周凤莲大喜之日激动、喜悦、高兴的心情，也能突出豫东调高亢、明快、俏丽的风格。

聆听原唱并轻声跟唱。（视频）

（7）清唱，检验本节课学习成果。

4. 表演抬花轿。

导入：同学们，戏曲艺术能流传至今，一定有其独特的魅力，除了唱腔之外，美妙绝伦的表演也是它的一个显著特点。接下来大家就来表演抬花轿。想不想尝试？

（1）看视频，自学表演。

让学生观看视频，模仿自己喜欢的角色（新娘或轿夫）表演动作。

（2）鼓励男、女生互换角色（新娘或轿夫）进行反串表演，尝试体验不同的表演动作。

老师提醒学生：在表演新娘动作时，由于她是个俏花旦形象，所以要用兰花指手形；兰花指，大拇指捏合到中指的第一关节处，其余三指展开，表现女子的柔美含蓄。表演轿夫动作时一定要思考如何才能把轿子抬平稳。

小组同学在一起商讨、琢磨，尝试着练习。也可以同类角色的同学凑在一起探讨（放合成视频，老师巡视，关注学情）。（播放视频）

（3）老师根据观察到的情况找出共性问题讲解。

①新娘如何表现出自美自得、晃晃悠悠，眼睛也要特别传神，用咱们河南方言来说就是"这妮儿看着可能了"。

②教师完整做步子前后交替，手放肩前半握拳状，犹如扶着轿杆，随音乐节奏一进一退。迈左脚的同时右脚跟上，退右脚时左脚抬起，分动作教学，练会脚上动作后，加上手臂动作（要求跟随音乐、步调一致）。

（4）再放视频。

教师走到学生中间，发现同学间表演特别好的上台当"小老师"示范。

（三）巩固练习（以小组为单位）。

1. 分角色表演，编排队形。

需要四位轿夫、一位新娘，同学们可以充分利用你们周围的空地，随音乐自由组合展示一遍。（出示抬花轿队形示意图，两种队形供同学们参考：双列、单列）一定要遵循这些原则：随音乐的节奏，步调要一致，步伐要整齐。（放音乐原唱，教师观察参与情况，及时关注学情）

2. 其他同学认真观赏表演，然后进行点评。

3. 最后让学生边唱边表演抬花轿动作离开教室！

思考与实践

一、对照音频课例，你认为本节课的优缺点在哪里？请给予客观评价。

二、总结本节课例值得学习的地方，并将其融入自己的教学实践中展示给学生。

课例音频

春来梨花扑鼻香——豫剧念白

（六年级）

授课教师：苏亚丽（周口）

单位：周口市商水县直第一小学

一、教学目标

初步认识戏曲唱、念、做、打四项基本功，了解豫剧念白的分类，并能通过学习念白，初步感受、体验豫剧声腔艺术的韵律美。

二、教学重点

通过模仿学习豫剧念白，感受豫剧念白的音韵，体现出韵白的节奏感和音乐美。

三、教学难点

学习韵白中的抑扬顿挫、拖腔、归韵、收声。

四、教具准备

多媒体，戏曲女装。

五、教学过程

（一）导课。

1. 用模唱旋律和豫剧念白的形式进行师生礼仪，引入课题。

2. 谈话由戏曲唱、念、做、打四功到豫剧念白。

（多媒体出示戏曲四功）

师：刚才我们用的是哪一项基本功？

生：（念）

师：戏曲的声音表演形式除了唱就是念，要用念来推动戏曲故事情节的发展，戏曲里念就是念白，下面我们来看一下什么叫念白。

指名读一读。

老师配合身段表演简析念白。

师：在河南有一个最大的地方戏曲叫什么？

生：（豫剧。）

师：每个戏曲剧种的念白都不一样，今天我们要学一下豫剧念白。

3. PPT 出示课题：走进豫剧念白。

（二）授新课。

1. 欣赏豫剧《花打朝》中乘车赴宴时程七奶奶与小郎的对白和《花木兰》中接军帖木兰与地保的对白两段视频，请学生说一说有什么不同。

师总结：豫剧念白有韵白和河南方言白两种，第一段是方言白，第二段是韵白和方言白。

2. PPT 出示豫剧韵白和方言白的特点。

全班齐读豫剧韵白，师读方言白。

3. 学习方言白的对白。

（1）PPT 出示豫剧《花打朝》中乘车赴宴时程七奶奶和家仆小郎的对白。

（2）请学生先用普通话读一遍，再用河南话读一遍。感受一下哪一种和课堂视频中欣赏的对白接近。

（3）老师用河南方言白示范一遍。师提示河南方言白要比生活语言夸张一点。

（4）老师读小郎念白，学生读程七奶奶念白（强调拖长声，口语化）。师生合作表演，师及时纠正不到位的字音。

（5）邀请一位学生和老师一起给全班做表演，两人的角色由那位学生认定。（激发学生学习的主动性和主导性）

（6）全班分两组演一演。（老师给予指正与鼓励）

4. 播放木兰接军帖视频，PPT 出示豫剧《花木兰》中木兰与地保的对白，学习韵白与方言白。

（1）请学生先用河南方言白读一读。感受一下与视频中有何不同？

（师引导：木兰是正剧人物，要说韵白。韵白的节奏、音调、归韵及拖腔，比方言白夸张，接近于唱。）

（2）邀请男生读地保的方言白，老师读木兰的韵白。师生合作示范。

（3）师指导学习地保念白。

逐句教一遍地保说军帖有关的语句，强调：因为是正事，要加一点韵白的节奏，显出事情的严肃性。其他生活方面的就用方言白。

（4）师逐句分解教学木兰的韵白，强调把握句尾的拖腔、归韵。

（5）请学生跟视频轻声念一遍。

（6）全班合作表演这段对白：全体男生饰地保，全体女生饰木兰。（老师负责锣鼓点伴奏）

5. 老师小结板书。

方言白：接近于口语。

韵白：接近于歌唱。

6. PPT 出示后面木兰的独白，学独白（韵白）。

强调：这段独白是韵白，比前面对白中的稍难，要念出韵白节奏中抑扬顿挫、拖腔等特点，是本课教学的难点。

（1）老师先讲一下 PPT 对白中的标注。

（2）老师逐字逐句教学木兰独白两遍。

（3）请学生跟视频小声念一遍。

（4）全班齐念木兰后面的独白。（师指正，鼓励与肯定）

（5）请全体女生表演木兰独白。请男生给予指正，老师给予鼓励与肯定。

（6）请全体男生反串，演一演木兰的独白。老师和全班女生给予鼓励与肯定。

（7）小组合作练习。（老师鼓励学生加上戏曲身段、动作、表情，有感情投入地演一演）教师巡回辅导指正。

（8）请各组派两名学生上台分角色演一演，赛一赛。

（三）拓展延伸。

1. 了解豫剧念白的种类。

PPT出示豫剧念白的种类，请学生读一读。

师：豫剧念白的种类有对白、定场诗、自报家门、下场诗、叫头、滚白、贯口、数板等。

师：我们刚才学的是哪种念白啊？

生：（对白。）

师：对白是豫剧念白中最常用的念白方式，以上学习的"程七奶奶与小郎""木兰与地保"的对话都是对白。

独白——木兰自己的内心独白，是剧中人物用语言和观众的交流。

2. 师简介念白的定场诗与自报家门，老师先用韵白或方言白示范自报家门，请学生选择自己喜欢的念白方式来完成豫剧念白的自报家门。（师生互动、生生互动来巩固练习豫剧念白）

3. 认识豫剧名家牛派创始人牛得草。

（1）谈话引入，豫剧有很多戏曲名家，老师小时候没有电脑和手机，我最感兴趣的就是跟着收音机学唱戏曲，学唱过常香玉老师的《花木兰》唱段、马金凤老师的《穆桂英挂帅》唱段、阎立品老师的《秦雪梅》唱段、张宝英老师的《秦香莲》唱段等。再过两天就是清明节了，老师想在这里缅怀一位我喜欢的老艺术家，他就是被称为"东方卓别林"的丑角演员牛得草。

（2）PPT出示豫剧演员牛得草的小档案，简单介绍牛派唱腔和他的代表作。

（四）布置作业。

1. 谈话引入作业。师：我们缅怀他的方式是这样的——

2. PPT 出示作业，请学生齐读一遍作业内容。

作业：课下欣赏老戏曲艺术家、官丑牛得草饰演的《七品芝麻官》，在读林秀英状子时一段贯口的视频，试着模仿念一念。

作业要求：口齿清晰、抑扬顿挫、节奏感强、越念越快、一气呵成。

（老师鼓励学生看完《七品芝麻官》全场戏，培养学生对戏曲的喜爱）

（五）以下场诗结束本课。

1. PPT 出示，结束语（下场诗）。

2. "正是，师生欢聚心欢畅，春来梨花扑鼻香。"老师带领学生用韵白念下场诗。师生用念白进行课后师生礼仪，本节课结束。

六、本课念白内容

1. 程七奶奶与家仆小郎的念白。

小郎：七奶奶——

七奶奶：哎——

小郎：车套好啦啊。

七奶奶：知道啦。

小郎：七奶奶快上车吧。

七奶奶：出去啦。

2. 花木兰与地保的念白。

地保：家里有人吗？花弧在家吗？

木兰：啊，地保到来有何公干？

地保：啊，姑娘，花弧是你什么人呐？

木兰：是我的爹爹。

地保：这有紧急军帖，拿去交他一看便知。

木兰：啊，地保，这不是征兵的军帖吗？

地保：不错，只因突力子侵犯我国边关境地，要你父速速应征入伍。

木兰：哎呀，他已经退休了啊。

地保：可有儿子代替？

木兰：我无有兄长，有一兄弟年纪还小，爹爹年老多病，哎呀呀，这便如何是好？

地保：敌寇侵犯边关之紧，还是叫你父赶快应征去吧。

木兰：啊，地保，地保，地保——

3. 木兰独白（韵白）。

强敌压边境，国家要征兵。

爹爹无大儿，木兰无长兄。

怎好叫老人家，万里远征哪！

思考与实践

一、对照音频课例，你认为本节课的优缺点在哪里？请给予客观评价。

二、总结本节课例值得学习的地方，并将其融入自己的教学实践中展示给学生。

课例音频

俺外甥在部队给我来信

（六年级）

授课教师：王李霞（济源）

单位：济源市沁园路小学

一、教学目标

（一）情感态度价值观。

通过学习豫剧唱段，感受豫剧艺术特点，培养学生喜欢、热爱豫剧的情感；进而增强学生传承戏曲传统文化的责任感。

（二）过程与方法。

通过欣赏《俺外甥在部队给我来信》唱段，激发学生参与演唱豫剧的兴趣；

通过用中州语朗读戏词，让学生体验豫剧唱腔特点；

通过欣赏、比较、体验等方法，引导学生学唱《俺外甥在部队给我来信》中的第一段唱腔。

（三）知识与技能。

自信、有感情地演唱。

二、教学重点

引导学生学习《俺外甥在部队给我来信》唱段，模仿简单的戏曲表演动作。

三、教学难点

引导学生用中州语发音，字正腔圆、一板一眼学唱《俺外甥在部队给我来信》唱段。

四、教具

多媒体、梆子。

五、教学方法

教师范唱，欣赏法。

六、教学过程

（一）激趣导入。

1. 教师范唱《亲家母》片段，感受豫剧现代戏的音韵特点。

（1）属于什么剧种？唱腔用的是哪里的方言？

豫剧；河南戏都是中州语发音。

（2）选自哪部戏？表现什么样的场面？

豫剧现代戏《朝阳沟》。《朝阳沟》主要描写20世纪50年代知识青年上山下乡，高中毕业生银环到朝阳沟参加农业生产，遇到了一连串困难。在过程中，逐渐认识到农村也是知识青年贡献力量的广阔天地，终于在农村扎下根来。老师刚才演唱的是银环妈、拴保娘、二大娘对唱的场面。

2. 板书课题。

今天，让我们再次走进《朝阳沟》，学唱二大娘的一段经典唱段《俺外甥在部队给我来信》。

（二）体验新知。

1. 欣赏《俺外甥在部队给我来信》原唱片段，了解唱段里的人物关系，分析二大娘的性格特征，熟悉唱词。

2. 介绍豫剧特色伴奏乐器：梆子。

梆子是为戏曲伴奏的打击乐器。豫剧旧称河南梆子，是在河南梆子的基础上继承、创新并发展起来的。

3. 介绍［二八板］的板式：一板一眼。

豫剧的板式有很多种：我们今天学习的这个唱段是［二八板］，2/4拍。在戏曲中，打下去是板，抬起来是眼，强拍是板，弱拍是眼，一板一眼，有板有眼。

（三）学唱新课。

1. 学生用河南话读唱词。

2. 教唱。

师：戏曲的传唱一般是用"口传心授"的方式，就是老师教唱、同学们学唱，

今天咱们也采用这种方式学唱。

（1）教唱戏词。

（注意：坐姿，唱准板眼）

（2）读唱词，唱唱词，对照曲谱，唱好不同的装饰腔。

（滑腔、倚音、波音、甩腔、闪板等）

（3）字正腔圆演唱。

（打开嘴巴，抬笑肌。字头：吐字清晰；字腹：饱满充分；字尾：注意归韵）

（4）再次欣赏视频，模仿学习老艺术家的演唱。

（铿锵大气、行腔酣畅）

（5）分析该戏曲每一句的情感，以情感带动声腔演唱。

（6）为唱腔加上动作。动作极具生活化。

（7）整体表演唱。

（8）请学生上台表演唱，其余同学打拍。

（四）拓展。

欣赏5岁小孔莹演唱的《俺外甥在部队给我来信》。

（五）课堂小结。

同学们，豫剧早在 2006 年，就被列入"第一批国家级非物质文化遗产名录"。当代豫剧跟随河南卫视、河南豫剧院等走出国门，到过世界很多国家，成为中国文化输出的特色名片之一，还登上了纽约百老汇舞台、好莱坞杜比大剧院，站在了世界戏剧舞台的中心，被西方人称赞为"东方咏叹调""中国歌剧"。

作为河南儿女，真心为自己的家乡有如此优秀的戏曲文化感到骄傲，也期待同学们能够更加深入了解豫剧，喜欢豫剧，传播豫剧。

（六）作业。

把课堂所学唱段唱给自己的家人。

思考与实践

一、对照音频课例，你认为本节课的优缺点在哪里？请给予客观评价。

二、总结本节课例值得学习的地方，并将其融入自己的教学实践中展示给学生。

"旦"雅国粹

（六年级）

授课教师：任雪婷（郑州）

单位：郑州市纬五路第一小学

一、教材分析

本课《猛听得金鼓响》唱段选自经典京剧《穆桂英挂帅》。是梅派的代表作之一。唱段铿锵有力，表现了穆桂英决心挂帅出征的豪情壮志。

二、学情分析

六年级学生在经过几年的音乐学习之后，在音乐基础素养方面有较为扎实的功底，对于音乐知识，也有一定程度的掌握。对于不同地域、题材、体裁音乐作品的欣赏积累，使得他们具备较为准确的音乐感受能力与音乐要素描述能力。同时，六年级作为小学阶段的高年级，学生在音乐理解能力上有较好的基础。因此，在京剧课程的设计中，要注重激发学生学习兴趣，引导学生温故知新，发挥学生能动性，调动学生音乐思维。同时，密切关注学生在课堂上对于京剧知识与技能的学习表现，并尽可能地将学生在课堂上的创造性表现作用于课堂环节，以促进学生学习，保证京剧课程趣味与韵味并存。

三、学习目标

（一）在听赏、模唱、律动等活动中，能够较为完整、准确、有感情、有韵味地演唱《猛听得金鼓响》唱段前四句。

（二）在聆听、欣赏、表演等实践活动中，能说出旦行服饰、唱腔、做派之美，进一步加深对京剧艺术的兴趣。

四、评价任务

（一）乐于分享自己的感受，能够准确地回答出旦行的相关知识等，并积极作答（检测目标1）。

（二）积极参与学唱及表演，能够较为准确地把握京剧唱腔特点。（检测目标2）。

五、教学重难点

重点：进一步了解旦行分类。准确完整、自信地演唱《猛听得金鼓响》前四句。

难点：在演唱中准确把握歌曲中的休止符和切分音节奏，并能够表现出京剧独有的京腔京韵。

六、教学过程

（一）导入。

（进班播放京胡曲《梨花颂》）

1. 师生京剧念白问好。

2. 教师表演京剧《猛听得金鼓响》唱段。

3. 学生回答问题："这一唱段属于哪一行当?"

4. 引入课题。

（二）新授。

1. 感受旦行服饰妆容之美。

（1）观察图片，分小组讨论，说出图片中各个旦角服饰特点，并结合服饰特点和课下了解的知识说一说图片属于旦行哪一类?

（评价任务1）

（2）师进行补充总结。

2. 感受旦行唱腔音韵之美。

（1）聆听《猛听得金鼓响》片段：

①完整聆听唱段，说出"梅派旦角声音音色有什么特点"，"这样的声音特点给你什么样的感受"。

②模仿师用京剧发声方法 yi，并用 yi 音做"吊嗓练习"。

③观察乐谱，回答拍号、强弱规律，回顾复习"板式"概念，聆听前四句，学

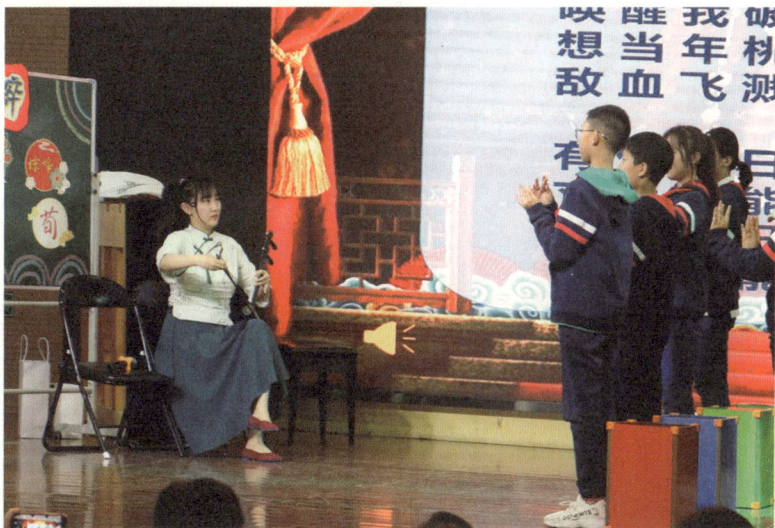

生跟音乐打板。

④师提出"惊啼"知识点，师唱，生在休止符换气。

（2）学唱《猛听得金鼓响》前四句：

①加入戏词演唱，师逐句教授。

②找出切分音，并演唱切分音小节。

③放慢速度跟钢琴伴奏演唱，纠错。

④加情绪回原速跟钢琴演唱。

（3）加韵味演唱：

①听范唱录音，学生找出装饰音。

②学生加装饰音演唱。

③再次听范唱录音，找出哪些字发音不同。

④师引出"尖团字""上口字"概念，学生将这些字念一遍。

⑤师用京胡伴奏，师生共唱。（评价任务2）

⑥师用京胡伴奏，学生演唱。

（4）加表演演唱：

①为唱段加上动作表演。

②学生展示。

③师生共同演唱，加动作表演。（评价任务 2）

④师用京胡伴奏，生表演唱。

（三）拓展欣赏。

感受名家名旦表演之美。

1. 介绍京剧旦行当中的"四大名旦"。并简述旦行四大流派的唱腔表演特点。

2. 欣赏旦行四大流派经典片段，并抢答各唱段属于哪一流派。

3. 师用京胡伴奏，师生共同合作表演《猛听得金鼓响》完整唱段。（评价任务 2）

（四）课堂小结。

师生共同回顾本节课内容。（随音乐离开教室）

思考与实践

一、对照音频课例，你认为本节课的优缺点在哪里？请给予客观评价。

二、总结本节课例值得学习的地方，并将其融入自己的教学实践中展示给学生。

走近大师——马金凤

（七年级）

授课教师：赵永霞（开封）

单位：开封市第十中学

一、教学内容及背景分析

《穆桂英挂帅》又名《老征东》《平安王》。20世纪50年代经宋词、桑建改编后，成为豫剧表演艺术家马金凤的代表作，并创造了豫剧帅旦的戏曲行当，半个世纪以来久演不衰。此剧写佘太君命文广兄妹进京探事，适遇辽东安王来战表，宋王率众文武校场比武选帅，眼看帅印落入奸臣王强之子王伦之手，文广兄妹不服，下校场比武，文广刀劈王伦，王强见其子被杀，要治罪文广，多亏天官寇准保奏，宋王盘问其身世，方知杨门之后，遂赐帅印，命回郡点兵，穆桂英久离战马，不愿出征，佘太君激励劝慰，穆桂英53岁又挂帅出征。

二、学情分析

随着时代的发展，人们的审美需求也在不断拓展，艺术门类更趋多元化，戏曲作为中华民族的传统艺术，受到前所未有的冲击，一些剧种濒临灭绝，我们有责任和义务进行保护和传承。

三、教学目标

（一）通过观看、欣赏多媒体，感受豫剧浓郁的河南音调特点。

（二）初步了解什么是河南豫剧，感受马金凤老师的唱腔特点及"帅旦"的飒爽英姿。

（三）逐字逐句学唱《辕门外三声炮如同雷震》前半段，解决重点难点，激发学生对豫剧的喜爱之情。

四、教学重难点

重点：学唱前半段，了解一板一眼，起于眼落于板，也就是起于弱拍落于强拍；以徵调式为主，多用假嗓也就是二本腔。感受马派清脆明亮的唱腔特点。

难点：豫东调、徵调式、多用假嗓。主要学习马金凤唱腔特点：俏丽、明快、清脆明亮，吐字清晰。男声：挺拔、亢奋。

五、教学方法

欣赏领先，体验入手，范唱表演，让学生在艺术美感体验的过程中逐步实现教学目标。

六、教具准备

多媒体、梆子等。

七、教学过程

（一）情境导入。

（教师演唱《穆桂英挂帅》中穆桂英的唱段）

同学们，欢迎大家来到音乐课堂。戏曲艺术是中华民族的优秀传统文化，是中国人民近千年来的智慧结晶，今天老师就带领大家走进戏曲艺术，感受它的博大精深与独特魅力。首先老师抛砖引玉给大家带来一个唱段，大家回答：这段唱腔是什么剧种？是哪个地方的家乡戏？你知道是哪位艺术家的经典唱段？

生答：（豫剧，河南地方戏，马金凤老师的唱段。）

（二）进入新课。

1. 豫剧简介：豫剧是河南的地方戏，起源于明朝中后期，旧称"河南梆子""河南高调"，是中国五大剧种之一，也是中国第一大地方剧种，流行于河南全省及陕西、山西、河北、山东等地区。因河南简称"豫"故定名为豫剧，2006 年豫剧被国务院列入"第一批国家级非物质文化遗产名录"。

2. 豫剧唱腔：豫剧的唱腔有祥符调、豫东调、豫西调、沙河调和高调。随着社会的发展，地域流派逐渐淡化，上世纪 50 年代至 80 年代形成了各具特色的唱腔风格，著名的五大名旦有陈素真、常香玉、崔兰田、马金凤、阎立品。今天重点学习马金凤老师的演唱风格。

3. 豫剧大师马金凤：马金凤老师是河南豫剧马派创始人，6 岁学艺，7 岁崭露头角，被誉为"七岁红"。她在旦角这个行当中成功塑造了众多风格迥异、家喻户晓的戏曲人物形象，比如《穆桂英挂帅》中的穆桂英、《花枪缘》中的姜桂枝、《花打朝》中的七奶奶等。《辕门外三声炮如同雷震》是《穆桂英挂帅》中穆桂英（帅旦）率兵出征前的核心唱段。

4. 欣赏马金凤老师演唱穆桂英挂帅唱段，简单总结唱腔特点。

唱腔特点：高亢、清脆圆润、明亮甜美，吐字真切清晰，以假嗓二本腔为主。

5. 学习马金凤老师的唱腔。

（1）出示歌谱，练习气息及发声的位置，用"yi"来找声音位置，记忆旋律。

（2）记唱戏词，并注意"雷""波""披""着"等河南方言与普通话发音的不同。

（3）学习马金凤唱腔，要求一板一眼。注意起于眼落于板，逐字逐句学唱，然后由学生敲梆子，培养稳定的拍感。

（4）和老师一起跟着伴奏完整演唱《辕门外三声炮如同雷震》，体会马派唱腔的韵味和魅力。

6. 介绍常见伴奏乐器，重点介绍板胡和梆子。

伴奏乐器：板胡、二胡、琵琶、三弦、笛子、唢呐、鼓板、梆子、锣、钹等。

（三）拓展延伸。

欣赏孔莹演唱的《穆桂英挂帅》唱段，注意她的表情、眼神，体会传统戏曲在河南的传承成果。

（四）总结全课。

我国戏曲文化源远流长，戏曲种类繁多，今天课堂上学习的知识只是浩瀚的戏曲海洋中一朵小小的浪花，希望同学们今后更多地关注戏曲、关注家乡戏，让戏曲艺术发扬光大。

思考与实践

一、对照音频课例，你认为本节课的优缺点在哪里？请给予客观评价。

二、总结本节课例值得学习的地方，并将其融入自己的教学实践中展示给学生。

课例音频

豫剧 "四功"

（七年级）

授课教师：崔秀荣（濮阳）

单位：濮阳市第六中学

一、教材分析

本节课选取了豫剧中最经典的选段，让学生在耳熟能详的唱段中，通过家乡话读唱词、学念白、扮角色等多种方式体验、参与，学会分析唱、念、做、打四种基本功的特点，并感受戏曲的魅力，提高欣赏戏曲的能力。

二、学情分析

七年级的学生正处于从形象思维到抽象思维的过渡，求知欲、模仿力强。在小学阶段对戏曲知识的初步学习，使学生基本了解了戏曲的四种基本功，但对四种基本功的特点却很少去分析。本节课结合他们求知欲、模仿力强的特点，采用读、念、演相结合的手段，引导学生在学中做、在做中思，从而顺利地完成本节课的教学任务。

三、设计思路

本课以学生熟悉的豫剧《朝阳沟》选段为切入点，引出课题，紧紧围绕唱、念、做、打创设情境，进行逐段欣赏，线索清晰明了。在"唱"的学习中，巧妙地运用家乡话和豫剧唱腔的联系，化难为简，既总结了唱腔的特点，还调动了学生学习的积极性。在"念"的学习中，运用扮角色的方法让学生巩固念白的种类和特点。在"做"的学习环节中，全体参与，共同学习，伴随着小轿夫认真的表演将课堂气氛推向高潮。而"打"的讲解更是让学生认识到了戏曲演员的不易。拓展练习部分，热闹的锣鼓声仿佛把戏曲舞台搬到了课堂上。整节课巧妙地安排教学内容，每一环节都采用感受、体验和参与表现的教学方法，使学生在愉快的活动中掌握教学内容，达到预定的教学目标。

四、教学目标

（一）在欣赏中体验戏曲、了解戏曲，从而更加热爱戏曲、热爱传统文化。

（二）在听唱腔、学念白、扮角色的参与过程中，总结四功的特点。

（三）了解豫剧唱、念、做、打及其特点。

五、教学重难点

了解豫剧四功：唱、念、做、打。通过参与、体验，探究出唱、念、做、打的特点。

六、教学方法

（一）视觉图像法：在欣赏戏曲选段时，利用多媒体展示视频片段，让学生体验音像结合的效果，变抽象为具体，有利于学生对知识的理解和分析。

（二）启发式教学法：通过启发、引导，让学生自己分析、总结，理解并表达音乐。

（三）学生是学习的主体，本节课围绕教学目标，通过师生合作、生生合作、自主体验、自主探究的学习方式，通过看、听、思、动等要素，让学生在宽松、自由的氛围中学习和创造，从而培养学生的音乐学习能力。

七、教具准备

鼓、锣、镲、梆子、多媒体。

八、教学过程

（一）创设情境，激情导入。

师演唱豫剧《朝阳沟》中的唱段，导出课题——豫剧四功。

设计意图：通过教师的激情演唱，创设轻松融洽的课堂氛围，激发学生的学习兴趣。

（二）讲授新课。

1. 唱。

活动一：我欣赏，我读唱。

（1）欣赏《谁说女子不如男》。

欣赏并回答：豫剧的唱腔在行腔方面有什么特点？（大气流畅、吐字清晰）

（2）用河南话读唱词。

引导学生用河南话读唱词，分析唱腔和家乡方言之间有什么关系，从而总结豫剧唱腔的另一特点：在河南方言的基础上发展起来，地方特色浓郁。

在朗读的基础上试唱这段唱腔，注意在演唱时要大胆、大气！

设计意图：在本环节中，通过用家乡话读唱词，把学生最熟悉、最亲切的语言和唱腔放在一起进行对比分析，使学生认识到学唱豫剧唱腔并不困难，而且还很有趣，从而调动学生学习的积极性。

2. 念。

活动二：我欣赏，我会念。

（播放视频，欣赏《拾玉镯》）

欣赏豫剧《拾玉镯》的念白片段，引导学生总结念白的种类及特点：

（1）散白：日常对话，使用地方方言，突出方言的语言美。

（2）韵白：带有韵律性，湖广音、中州韵。

生学两种念白，师讲解韵白的关键字发音（久、儿、伴）。在此基础上，学生分角色体验韵白和散白。

设计意图：在这一环节中，学生形象、夸张的念白表演极大地活跃了课堂气氛。通过活动，学生进一步体验韵白和散白的特点，加深对知识的理解。

3. 做。

活动三：我欣赏，我学做。

（1）欣赏《抬花轿》，生观赏剧中轿夫的动作，师边模仿轿夫边引导学生总结"做"的特点：动作夸张、虚实结合。

（2）请同学们学习轿夫抬轿的动作。

上肢动作：双手放在胸前，胳膊抬起，上下按压，表示轿子的起落。

下肢动作：右脚前、左脚后，一起一落，代表行进。

上下肢配合：由慢到快，反复练习。

分组表演：师播放《百鸟朝凤》的片段，生伴随音乐分组表演抬花轿。

最后，师生共同总结出做的含义。做，又称做功，泛指表演技巧，一般特指舞蹈化的形体动作，是戏曲有别于其他表演艺术的主要标志之一。

设计意图：通过欣赏、模仿，充分发挥小组合作、探究的力量，调动学生积极参与。他们投入、激情的表演，既活跃了课堂气氛，又最大限度地调动了每位同学参与课堂的积极性，将课堂气氛推向高潮！这也符合新课标中强调音乐实践、鼓励音乐创造的基本理念。

4. 打。

教师讲解"打"的相关知识。

打，是传统武术的舞蹈化，也是生活中格斗场面的高度艺术提炼。分为两种，一种是把子功：用古代刀枪剑戟等兵器对打或独舞；另一种是毯子功：指在毯子上翻、滚、跌、扑的技艺。

设计意图：这一个知识点采用老师讲解的方式进行，因为"打"这一功夫带有很强的技巧性，没有经过训练的人是模仿不来的。通过老师的讲解，学生既学习了知识，还了解了戏曲演员的不易，使学生明白做任何事情，都需要勤奋努力，坚持不懈。

（三）拓展延伸。

1. 认识武场打击乐器。

师讲解戏曲的伴奏并认识武场乐器。

戏曲伴奏分为文场和武场。在打斗场面中，使用武场伴奏，主要乐器有：梆子、堂鼓、小锣、大锣、镲等。

2. 体验锣鼓经。

A：师课件出示四条节奏，带领学生分别练习。

B：学生用戏曲武场伴奏乐器演奏三条节奏。（要求：乐器要速度一致、配合协

调）

设计意图：这一环节是在"打"的基础上对戏曲知识进行的拓展练习。这样做既巩固了前面所学的知识，又让学生在轻松愉快的氛围中练习了节奏，为以后学习其他剧种打下了良好的基础。

（四）课堂小结。

愉快的时光总是那么短暂，在唱、念、做、打中，一节课悄悄地过去了。在这节课中，通过对豫剧"四功"及其特点的学习，相信同学们对戏曲的了解又加深了一步。

同学们，走进戏曲你会发现：生、旦、净、丑行行出色，唱、念、做、打样样精彩。所以，老师希望大家对戏曲能够多听、多唱、多了解，让戏曲艺术在你们这一代发扬光大，让世界每个角落都唱响中国戏曲的好声音！

思考与实践

一、对照音频课例，你认为本节课的优缺点在哪里？请给予客观评价。

二、总结本节课例值得学习的地方，并将其融入自己的教学实践中展示给学生。

豫剧《朝阳沟》选段

（八年级）

授课教师：王迎芹（焦作）

单位：焦作市武陟县实验中学

一、教学突破

本节新课导入，以一段视频再现了 20 世纪五六十年代青年上山下乡、奔赴农村广阔天地的沸腾场景。教师画外音解说，不仅让学生了解《朝阳沟》的创作背景，也将德育渗透其中。

接下来围绕教学目标层层深入。依托本课主要目标，在重点教学环节逐一解决需要掌握的知识点，达到事半功倍的效果。

二、教学目标

（一）知识目标。

1. 学习豫剧《朝阳沟》的创作背景、故事情节和影响力等方面的知识。

2. 了解豫剧行腔与方言之间的密切联系。

3. 了解豫剧声腔板式中的顶板、闪板等相关知识。

（二）技能目标。

1. 通过学习豫剧《朝阳沟》选段《这块地种的是什么庄稼》，探索表演，提升学生的表现力。

2. 通过学唱唱段《这块地种的是什么庄稼》，锻炼学生戏曲演唱的能力。

（三）情感目标。

通过学习豫剧《朝阳沟》，大力弘扬戏曲传统文化艺术，推动民族经典文化的传承，拓宽学生学习的艺术空间，打造校园教育特色，让戏曲传统经典文化在校园里发扬光大。

三、教学重点

学唱《朝阳沟》选段《这块地种的是什么庄稼》。

四、教学难点

（一）唱段中的弱拍起唱（闪板）。

（二）唱段中的拖腔部分。

（三）演唱中角色的自由转换。

五、教学方法

讲授法、演示法、练习法、谈论法、发现法。

六、教具准备

多媒体、梆子、戏曲服饰等。

七、教学过程

（一）组织教学，师生问好。

教师随《朝阳沟》中的音乐走进课堂，师生问好。

（二）故事引入，了解背景。

教师：同学们，今天老师要带着大家穿越到上个世纪五六十年代。（视频再现"上山下乡"时的情景）：为了减小城乡差距，大批知识青年离开城市，到农村接受锻炼。

为了纪念那段难忘的岁月，著名剧作家杨兰春，结合自己当年在河南省登封县插队的经历，创作了大型现代戏《朝阳沟》。

设计意图：创设情境，通过讲故事的方式，把学生带入当时的情境中，使学生了解那段历史，为下面的新课学习做好铺垫。

（三）学习目标，领会任务。

1. 了解豫剧《朝阳沟》的创作背景、故事情节及影响力。

2. 熟悉唱词，探究表演。

3. 了解豫剧行腔与方言之间的密切联系。

4. 学唱唱段《这块地种的是什么庄稼》，了解豫剧声腔板式中的相关知识。

（四）介绍作品，熟悉剧情。

《朝阳沟》讲述的是高中毕业生王银环到同窗男友拴保家乡朝阳沟参加农业生产，并扎根农村的故事。

该剧由河南省豫剧三团 1958 年公开首演于郑州，之后在全国各地演出数千场，影响了几代人，成为一个时代文化精神的标志。

（五）展示唱段，整体感知。

教师：今天，老师把银环和拴保也请到了现场，同学们想不想现场看一下呢？请同学们闭上眼睛，跟着老师倒数五个数……

（教师迅速扮成剧中银环模样）

教师：我就是《朝阳沟》中为农村建设下乡的知青——王银环。

拴保：银环，咱走吧。

银环：走……

（音乐起，唱段表演开始）

（六）熟悉唱词，探究表演。

1. 设定问题，引导学生用河南方言进行回答，并加入简单的动作。

（学生在教师引导下创设简单的动作表演。如一架山、一道洼、这块儿地、那块儿地……）

2. 规范动作，提升表演力。

3. 学生集中展示。

（七）仔细聆听，感知唱段。

1. 提问：豫剧演唱中的行腔韵味和我们的方言有何联系呢？请同学们仔细聆听，说出自己的感受。

2. 教师举例点拨，带领学生进行感知，并引导学生回答。

3. 总结：地方戏的行腔特点"腔随字走，字领腔行"。

（八）口传心授，分句教唱。

1. 教师用梆子打击节奏，带领学生分句演唱。

设计意图：为了解决弱起演唱这个难点，教师特意准备了梆子。通过给学生讲解戏曲中的板和眼，让学生们知道，什么是顶板起唱，什么是闪板。通过梆子敲击节奏，辅助学生唱齐、唱好作品。

2. 再次聆听，随音乐小声哼唱，帮助学生熟悉角色间的转换。

设计意图：分句教唱后，随原唱轻声演唱，可以感知唱段的每个细节，有助于下个环节随伴奏唱好作品。

3. 随伴奏试着演唱，找出学生演唱中的问题，做好难点突破。

4. 随视频演唱并进行简单的表演。

5. 分组练习，加强表演。

6. 集中展示，检测成果。

（九）总结提升，有序退场。

同学们，戏曲是中华民族的文化瑰宝。豫剧是中国五大剧种之一，位居全国各地方戏之首，深受人民的喜爱。作为河南人，我们有义务更有责任把它发扬光大。大家说："中不中？"学生回答：（中。）（随音乐退场）

思考与实践

一、对照音频课例，你认为本节课的优缺点在哪里？请给予客观评价。

二、总结本节课例值得学习的地方，并将其融入自己的教学实践中展示给学生。

这一封书信来得巧

（八年级）

授课教师：段华（焦作）

单位：焦作市马村区待王学校

一、教材分析

《这一封书信来得巧》唱段选自京剧传统戏《定军山》，前为［西皮流水］后为［西皮散板］，属于京剧行当中武老生的唱腔，旋律明朗、流畅，情绪坚定欢快。

二、学情分析

本节课教授对象是八年级学生，已经具备了一定的音乐基础知识和初步鉴赏音乐的能力，参与意识强，好奇心重，对新知识和事物的探究欲望强烈。

三、教学目标

（一）知识与技能。

能让学生在课堂时间内唱会《这一封书信来得巧》中［西皮流水］的部分内容。

（二）过程与方法。

在课堂学习的过程中能够有效模仿教师的演唱和示范动作，并能够积极地参与到活动体验中。

（三）情感态度与价值观。

了解京剧的相关知识及内容，增强学生对中国戏曲的学习兴趣，从学习中增强对戏曲的喜爱。

四、教学重点

能用带有京韵唱腔的声音唱会［西皮流水］的部分内容。

五、教学难点

能够有韵味地演唱、表演唱段。

六、教具准备

多媒体、电钢琴、梆子、软扎巾、白色髯口。

七、教学方法

示范法、教授法、引导法。

八、学习方法

模仿法、练习法、自主探究法。

九、教学过程

（一）导入。

师：亲爱的同学们，欢迎大家跟随老师的步伐一起走进五彩斑斓的京剧世界。

（二）京剧知识介绍。

1. 师：介绍京剧。

2. 师：京剧不仅唱腔优美，行当划分也很精细。四大行当：生旦净丑，生是男性、旦是女性、净是大花脸、丑是小花脸。"生"分为小生、老生、武生。

（三）介绍唱段。

1. 教师表演唱《这一封书信来得巧》。

师：今天我们学习一个老生唱段：京剧传统戏《定军山》中的唱段《这一封书信来得巧》（板书课题），请跟老师用念白的方式读一读课题。

剧中人物黄忠身披铠甲、手持兵器，擅长武功，属于靠把老生。

下面老师来演唱《这一封书信来得巧》。

2. 走进剧目。

说起《定军山》，它是由《三国演义》第70回和第71回改编而来。《这一封书信来得巧》是剧中最经典的唱段。这段［西皮流水］唱腔字字清晰，干净利落，表现了老将黄忠刚强豪迈的性格。

3. 走进剧情。

师：定军山发生了什么故事呢？请同学们快速浏览剧情，并思考：黄忠用什么计谋夺取定军山的？

生：（拖刀计。）

师：你们看得真仔细！

事情是这样的：蜀魏交战，两军阵前，黄忠捉住了夏侯渊的侄子夏侯尚，夏侯渊也俘房了黄忠的部下陈式，夏侯渊非常着急，派人送来书信，约定第二天午时三刻走马换将，交换人质。收到夏侯渊的书信，黄忠是如何设下拖刀计的呢？黄忠的心情怎样？请欣赏这段精彩的念白。

（四）欣赏念白。

1. 聆听念白。

师：黄忠收到书信，设下拖刀计，他的心情怎样？

2. 聆听唱段。

师：下面请欣赏这段［西皮流水］《这一封书信来得巧》，唱段中有些字的发音和普通话不同，请大家仔细辨别。

3. 师生交流，总结归纳特殊字的咬字发音。

师：唱段中和普通话发音不同的字，主要分为"上口字"和"尖团字"两种。

下面老师一句一句唱，大家来找一找，看谁的耳朵最灵敏！

4. 学习唱词和动作。

请大家起立，跟老师一边读唱词，一边学动作。"四通鼓"部分我们用念白的方式读一读。

（五）学唱唱腔。

师：同学们，下面我们来学唱京剧。跟老师说："好——好——好！"（三级韵）请用上丹田的气息，把字说得再清楚一些。

师：请调整坐姿，坐凳子的前半部分，两腿打开，双手放在腿上，挺胸抬头，

立直腰板儿，目视前方。(纠正学生坐姿)

师：唱京剧有讲究，我们要气沉丹田，做到字正腔圆。要唱得字字清晰、干净利落。

师：我们要唱出黄忠信心满满、指挥千军万马的样子。

师：我们来做个接龙游戏，老师唱前半句，同学们接唱后半句。

师：请仔细观察，每句唱词最后一个字的韵母都是什么？"ao"，这种唱腔采用的是"遥迢辙"，在归韵时要收拢嘴唇。

我们完整地清唱一遍，老师给你们打拍子，大家双手拍腿打节奏，休止符空出来不打。

(六) 学习身段表演。

师：京剧不仅有四大行当，还有四项基本功：唱、念、做、打。刚才我们学了唱和念，下面我们要学习"做"，就是舞蹈化的形体动作。

1. 师：请同学们站成一个大圆圈，跟老师一起学走台步。先看老师做一遍示范，左脚在前，右脚在后，丁字步站立，双手握拳（空心拳，大拇指放在食指关节处），虎口对准胯骨十厘米，撑起来，大臂要用力，亮相。抬右腿控住，要求抬腿露靴底，远抬近落，转一下身，再抬左腿。老生的台步叫"八字步"，身体要配合；亮相动作，左拳右山膀。

2. 师：我们加上舞蹈动作练习四通鼓部分。

（七）学生展示。

师：下面老师把大家分成四组，跟着音乐练习唱段。

每组推荐一名学生，代表本组上台表演四通鼓部分，其他同学演唱为他们助阵！

（八）课堂总结。

老师对学生的表现评价总结，带领学生走台步结束教学。

思考与实践

一、对照音频课例，你认为本节课的优缺点在哪里？请给予客观评价。

二、总结本节课例值得学习的地方，并将其融入自己的教学实践中展示给学生。

课例音频

说唱脸谱

（八年级）

授课教师：付文彦（商丘）

单位：商丘市第六中学

一、教学目标

（一）能够模仿京剧的韵味学习《说唱脸谱》，并背唱这首戏歌。

（二）通过学唱《说唱脸谱》，了解京剧的有关文化知识。

（三）通过学习歌曲《说唱脸谱》，对京剧艺术产生兴趣，让学生了解中国的国粹与流行歌曲的巧妙结合，并主动在这个领域进行一些探索。

二、教学重难点

重点：模仿京剧韵味正确地演唱歌曲《说唱脸谱》，并且能够背唱。

难点：休止符，半拍起，最后一句的拖拍。

三、教具准备

电子白板、钢琴、脸谱头饰。

四、教学过程

（一）创设情境，导入新课。

1. 师：同学们，我们来欣赏一首歌，带着这样一个问题来听：音乐属于什么风格的？（教师播放音乐《说唱脸谱》，进行表演唱）

2. 师：同学们，我国地域辽阔，历史悠久，在漫漫历史长河中，由于地理和文化的差异，在各地形成了不同的艺术形式。什么是京剧？京剧有哪些行当？京剧里人物的头饰和服饰是什么样子的？我们一起来看大屏幕。

师：女性人物的头饰各式各样，中国京剧服饰绚丽多彩，具有极强的观赏性和艺术感染力。

师：京剧脸谱，是中国传统戏曲演员脸上的绘画，不同的脸谱，代表角色分工不同。

3. 师：今天我们来学习一首有关京剧脸谱的歌曲《说唱脸谱》，完整聆听这首歌。

师：同学们欣赏完这首歌有什么感受呢？

师：让我们一起来感受一下京剧和流行音乐融合的一种新的艺术形式——戏歌。

请欣赏戏歌《新贵妃醉酒》。

（二）学习新课。

1. 聆听提问。

出示大歌页，让学生思考：音乐分成几部分？歌曲中出现几张脸谱？

学生回答后教师简单总结：音乐分成两部分。

第一部分：音乐比较舒缓，用外国人的眼光来赞美咱们的中国京剧。

第二部分：音乐吸收了京剧唱腔，从脸谱入手，赞美了京剧的出神入化。

第一组脸谱：蓝色、红色、白色、黄色、黑色。

第二组脸谱：紫色、绿色、金银色、灰色。

2. 学唱体验。

（1）教师大声领唱，学生轻声跟唱歌谱和歌词。

（2）什么是"四击头"？请看大屏幕，学生跟随老师学习"四击头"节奏和亮相动作。

（3）一起随老师的伴奏演唱歌曲第一段。

重点解决歌曲中的难点：

①让学生打着基本拍子，半拍起可用急换气的方法歌唱。

②板书下滑线、倚音、波音表示什么意思。

③最后的拖音，可把这句分成四小句教学。

（4）在学习表演唱第一段基础上直接表演唱第二、三段歌词。

（5）歌唱小游戏。

老师出示手中的脸谱，学生根据脸谱颜色演唱对应角色的那句歌词，看谁反应快唱得准（活跃课堂气氛、加深对脸谱的认识、提高演唱水平）。

（6）全体同学跟随音响完整地演唱歌曲。

（三）课堂总结。

同学们，京剧既是国粹，又是艺术大花园一朵瑰丽的花，让我们在聆听京剧中，感受民族艺术之美吧！

思考与实践

一、对照音频课例，你认为本节课的优缺点在哪里？请给予客观评价。

二、总结本节课例值得学习的地方，并将其融入自己的教学实践中展示给学生。

课例音频

今日是我出闺的前一晚上

（八年级）

授课教师：程利霞（济源）

单位：济源市济渎路学校

一、教材分析

本课《今日是我出闺的前一晚上》选材于河南曲剧《风雪配》中的一个唱段。本唱段易学易唱，曲调活泼欢快，语言通俗易懂，富于生活化。通过这一段的演唱，意在使学生初步了解曲剧特点，感悟地方戏曲的艺术魅力，激发学生学习戏曲的兴趣，更好地传承中华传统文化。

二、教学目标

（一）情感态度与价值观。

通过实践学唱曲剧唱段，引导学生了解河南曲剧的唱腔、表演身段，探寻戏曲音乐的魅力，增强对中华民族音乐的认识。

（二）过程与方法。

通过表演唱活动感受体验曲剧音乐风格特点，在欣赏、模仿、表演等活动中，培养学生主动参与曲剧演唱的意识；鼓励学生大胆模仿曲剧中的表演动作，提高音乐感受力和表现力。

（三）知识与技能。

通过作品了解曲剧音乐风格特点，能够随着录音演唱戏曲选段；通过学唱曲剧唱段，感受剧中主人公的情感内涵和剧中人物特征及表现手段；通过学唱、动作模仿使学生走进曲剧、了解曲剧、喜欢曲剧，进一步深化学生弘扬民族传统文化的责任感。

三、教学重点

感受地方戏曲风格特点，学唱河南曲剧《今日是我出闺的前一晚上》唱段。

四、教学难点

有韵味地表演唱《今日是我出闺的前一晚上》。

五、教学新思路

（一）把身段表演（做）放在学唱之前，通过学生参与，让学生动起来，有效激发学生学习戏曲的兴趣。

（二）戏曲讲究口传心授，在学唱环节重在让学生会唱、会表演。

（三）采用拍手代替梆子的方式让学生充分动起来，感受河南曲剧的旋律美。

六、教具准备

多媒体、音像资料、电子琴、梆子等。

七、教学过程

（一）导入。

戏曲是中国文化的瑰宝，它博大精深，美妙绝伦，有360多种地方戏曲剧种。

问：咱们河南有哪些剧种？

河南除豫剧之外还有曲剧、越调、怀梆、道情、二夹弦、四平调等剧种。河南地方戏——曲剧，是河南省第二大剧种，2006年被列入"第一批国家非物质文化遗产名录"。

学生浏览关于河南曲剧的风格特点。

（二）视频欣赏。

欣赏王秀玲老师的表演。

王老师的表演细腻传神，唱腔清脆甜美。

设计意图：通过观看王秀玲老师的表演，感悟艺术家的精湛艺术及对艺术的探索精神，同时对曲剧有大致的印象。

（三）《风雪配》剧情。

《风雪配》剧中女主人公高秋芳，聪明俊美。胸无点墨的宦门公子颜俊，想去骗婚，就蒙骗他的表弟钱青替他相亲。高秋芳见钱青才貌双全，欣然允亲。迎亲之日，颜俊怕事情败露，又威胁钱青去高府迎亲。岂料天气突变，风雪交加，迎亲的船队无法返回，高老爷怕误女儿的吉日良辰，执意让他们在高府拜堂成亲。颜俊得知此事，就把钱青告上公堂。知县在夫人的协助下审明案情，惩戒了颜俊，成全了钱青与高秋芳的姻缘。

本节课学唱的《今日是我出闺的前一晚上》（闺：古代女子居住的内室，出闺就是出嫁），表现的是高秋芳出嫁前一晚，对幸福的渴望、向往及期待、喜悦的心情。

本节课所要表现的是一个旦角的形象（板书）。

设计意图：了解《风雪配》剧情，了解所要表现的人物形象，使学生对将要学到的动作、唱腔及表演情绪有更好的把握。

（四）戏曲四大基本功。

戏曲讲究唱、念、做、打。

1. 打：武打。

2. 念：念白；曲剧念白以河南话为基础。

例如：众位乡亲，今日天色不早，请大家吃烧烤可好？

3. 做：做动作。

戏曲表演来源于生活，高于生活，美于生活。"做"要符合所塑造的人物形象，跟着老师做一做。

站：亭亭玉立不可僵硬，要温柔，要有少女形态。

手：兰花指。

眼：三分扮相七分眼神，你的眼里边有什么内容观众的眼里就有什么内容，要用眼神与观众交流。

动作：看我的新鞋。

生活中你会怎么做？（老师做一做）

手：双手在身体两侧伸出，手臂不要伸太直，幅度小点。

脚：行不动裙，前踢轻盈，落地小步，重心右腿。

动作：穿针引线。

生活中你会怎么做？（老师做一做）

手：扎下迅速弹起，手腕对翻，拉开（拉开的时候幅度不要太大）。

脚：立、踢、蹲，重心左腿。

（教师示范戏曲动作，学生模仿）

设计意图：通过对戏曲动作的学习、模仿，充分调动学生的积极性，从内心渴望去了解戏曲。

（五）教唱。

歌曲中的强弱在戏曲中叫板眼，板式有一板一眼、一板三眼、有板无眼、无板无眼等。今天学习一板一眼，拍手来代替梆子，下去是板，上来是眼。

1. 有板有眼学唱戏。

顶板是在板上唱，闪板是板上不唱眼上唱。

2. 字正腔圆来唱曲。

做到字正腔圆来唱，让观众明白你要表达的意思，字头字尾要咬清楚。

3. 声情并茂唱大戏。

学唱要声情并茂，没有注入感情的戏是打动不了观众的。

第一句"前一晚上"的"一"，要用丹田气打颤来表现高兴的心情。

"还缺少上轿的绣鞋一双"，"还"要放开唱，"上轿的"要轻唱，"鞋"要把少女的心情表达出来，抑扬顿挫。

"独坐在灯光下来绣鸳鸯"，这一句要像说悄悄话一样去唱，把那种自豪感唱出来。

4. 全体都是小演员——学生齐唱。

5. 教表演，唱做糅合。

老师通过范唱、范奏，让学生在不知不觉中学到知识；利用口传心授与学生面对面交流，使学生近距离感受戏曲的魅力，让学生边体验边学习。

（六）老师表演唱。

学生对唱腔和动作都有了一定的了解后，通过老师演唱比较容易把学生带入，激发学生的表演欲望。

（七）分组练习。

学生分组练习表演，老师指导。

学生可以自由发挥、自由组合，给孩子们充分想象和展示的空间。

（八）课堂展示。

俗话说：台上一分钟，台下十年功。演员们的精彩表演，都是在台下用汗水和泪水换来的，我们虽不能做到专业，但我们班里一定有这方面的好手，现在请大家露一手。

1．个人展示。

2．小组展示。

3．全体表演。

设计意图：在模仿、表演等活动中，培养学生主动参与曲剧演唱的意识，鼓励学生大胆表演。

（九）小结。

随着时代的发展，人们更多地喜欢流行音乐，戏曲渐渐被淡忘。作为河南人，我们有义务、有责任去了解、传承本土的地方戏，希望大家在课后去找一些名家的唱段来欣赏、学习，也希望这节课能成为大家学习戏曲知识的良好开端，让我们的戏曲文化一代一代往下传。

思考与实践

一、对照音频课例，你认为本节课的优缺点在哪里？请给予客观评价。

二、总结本节课例值得学习的地方，并将其融入自己的教学实践中展示给学生。

课例音频

豫剧曲牌音乐欣赏浅析

（八年级）

授课教师：商东升（济源）

单位：济源市太行路学校

一、教学内容

豫剧的曲牌音乐，重点讲述曲牌音乐在戏曲艺术中的重要作用。

二、教学内容分析

豫剧的曲牌音乐，是豫剧音乐中的重要组成部分，主要用于帮助演员刻画人物性格，渲染舞台气氛，丰富唱腔及伴奏音乐，美化演员的念白、身段表演和舞蹈动作。豫剧是中国第一大地方剧种，是我们河南的本土文化，内容博大精深，是民族戏曲艺术中一颗璀璨的明珠。所以，让中小学生了解学习豫剧，了解豫剧曲牌音乐在豫剧舞台艺术中的重要作用，对弘扬豫剧艺术将会起到积极的推动作用。

三、教学目标

（一）通过欣赏老师对豫剧曲牌音乐的演奏，能理解曲牌音乐在舞台艺术中的重要作用。

（二）感受豫剧魅力，积极参加课堂实践活动。

四、教学重难点

教学重点：

现场示范演奏豫剧部分曲牌音乐，让学生感受、欣赏。学生能用准确的语言来回答问题。

教学难点：

学生对豫剧曲牌音乐内涵意义的理解。能否理解曲牌音乐对表现精彩剧情所起到的重要作用。

五、教学过程

（一）导课——范唱导入。

师：同学们，下面我给大家演唱一曲，大家听后回答一个问题：我演唱的是何剧种？（即兴演唱豫剧《我爱我爹》选段《赵铁贤未曾说话热泪滴》）

生：（豫剧。）

师：这是我们耳熟能详的家乡戏——豫剧。刚才大家把注意力用在了老师的演唱上，却忽略了戏曲中另一个重要的表现成分，也是我们这节课研究探讨的主要内容——豫剧的曲牌音乐。

（二）豫剧简介。

（三）豫剧曲牌音乐。

豫剧曲牌音乐是豫剧音乐中的重要组成部分，在豫剧传统戏中，曲牌音乐的运用有着约定俗成的不移之格，形成了许多专曲专用的音乐程式，如出朝廷、出将、升帐、兴兵、操练、摆阵交战、迎宾送客、饮酒、接旨、修书等都有相应的专用曲牌。在豫剧现代戏中，曲牌的运用有所创新和发展，如《朝阳沟》中的曲牌音乐都是在传统曲牌音乐程式的基础上加以创新和发展而成的。

（四）主奏乐器板胡。

师：主伴奏乐器介绍——板胡。

板胡的音箱用椰壳或木制，面板用薄桐木板。琴杆用较硬的乌木或红木，张二根弦，马尾竹弓。音色明亮、高亢，适于表现热烈奔放的曲调。最大的特点就是音量大，同时也具备优美和细腻的特点。

（五）部分曲牌音乐演示。

今天我们就用豫剧的主奏乐器——板胡来诠释一下豫剧的曲牌音乐。大家说中不中？

学生：（中！）

师：依次演奏下列曲牌音乐。

[娃娃]：此曲欢快跳跃，多用于比武时的配乐或戏曲的开场音乐。

[大桃红]：此曲一般多用于沉静和稳慢的环境中，比如打扫佛堂、摆设祭品等。

[哭牛郎]：原为专用曲牌，多用于悲哀、伤痛的情景。

[大金钱]：此曲用于摆列祭品、吊孝一类的悲伤情景。

现场进行二度创作，转悲为喜，推陈出新。

（六）知识实践拓展。

邀请三组同学表演天子上朝时的仪式，配之以《朝天子》音乐。此曲用于朝廷上朝时的情境，通过演练加深学生对曲牌音乐的理解。教师点评，再次升华主题。

（七）小结。

豫剧是中国第一大地方剧种，是我们河南的本土文化，内容博大精深，手眼身法步，唱念做打武，是民族戏剧艺术中一颗璀璨的明珠，作为中原儿女，我们应该将豫剧曲牌音乐这一优秀民族艺术继承和发扬光大，让豫剧这一优秀的民族艺术放射出耀眼的光辉。

（八）布置作业。

课后在家收看豫剧现代戏《朝阳沟》，注意剧中曲牌音乐对剧情表现的重要作用。

思考与实践

一、对照音频课例，你认为本节课的优缺点在哪里？请给予客观评价。

二、总结本节课例值得学习的地方，并将其融入自己的教学实践中展示给学生。

课例音频

豫剧大师常香玉

（九年级）

授课教师：郑艳敏（许昌）

单位：许昌市建安区第三高级中学

一、教学目标

（一）欣赏豫剧《花木兰》中的两个唱段，感受体验常派唱腔的风格特点，了解戏曲行当等相关知识，并辅以简单的身段动作进行表演。

（二）了解豫剧的相关知识，走近豫剧大师常香玉，感知"常派"艺术特点等。

（三）欣赏、学唱、表演豫剧片段，加深对河南豫剧的印象，激发热爱祖国优秀传统文化的情感。

二、教学重难点

（一）有韵味地演唱《花木兰羞答答施礼拜上》唱段，准确把握豫剧的发音特点以及行腔韵味。

（二）能够正确演唱豫剧唱段中出现的倚音、下滑音、波音等。

（三）探讨豫剧《花木兰》能在时代的洪流中屹立不倒的原因。

三、教学设计理念及思路

使用多媒体教学，直观生动，激发学生对传统艺术的热爱；教师引导学生分析唱腔特点，带领学生学唱唱腔，示范表演动作，逐步加深学生对豫剧的了解和热爱。

四、教具准备

戏曲服装、马鞭、梆子、多媒体等。

五、教学过程

（一）情境创设。

1. 课前欣赏以各种角色画面为背景的戏曲片段。

2. 导入新课：欢迎大家走进戏曲天地，戏曲以千变万化的艺术造型、各具特色

的地方唱腔成为中华民族的艺术瑰宝。首先老师给大家表演一段。（范唱《刘大哥讲话理太偏》）

设计意图：创设教学情境，引起学生学习兴趣。

（二）感受与体验——常派唱腔风格特点。

1. 教师演唱《花木兰》选段《刘大哥讲话理太偏》，并提问：该唱段属于哪个剧种、哪位豫剧表演艺术家的代表剧目？生：（……）

出示课题——豫剧大师常香玉。

2. 常香玉简介。

（1）观看视频，师生交流。

（2）归纳总结。

3. 欣赏《花木兰羞答答施礼拜上》唱段。

（1）欣赏常香玉大师的影像资料《花木兰羞答答施礼拜上》。问：剧中的花木兰是什么行当？唱腔有什么特点？是用普通话演唱还是其他？

（2）师生交流。

（3）归纳总结：

唱段	语言	行当	唱腔
《花木兰羞答答施礼拜上》	河南方言	旦	温柔细腻、委婉柔美

4. 模仿、学唱豫剧《花木兰羞答答施礼拜上》，体会常派唱腔的特点。

（1）念——打板念词。

（2）唱——口传心授。

（3）做——表演。

表演：学生上台表演。（给予鼓励和表扬）

设计意图：了解常香玉的生平事迹及其对豫剧艺术的贡献，感受、体验常派唱腔的特点。

（三）比较与分析——常派唱腔风格特点、伴奏乐器等。

唱段	行当	唱腔	伴奏乐器
《谁说女子不如男》	生	铿锵有力 高亢激越	以板胡为主，还有二胡、小三弦、笛子、梆子等
《花木兰羞答答施礼拜上》	旦	温柔细腻 委婉柔美	

（四）拓展升华。

豫剧《花木兰》经久不衰的原因。

1. 花木兰崇高的气节和完美的艺术形象。

2. 豫剧铿锵有力的唱腔和潇洒大方的表演更能表现花木兰的英雄气概。

3. 豫剧《花木兰》历久弥新，还加入了国际化、时代的流行元素。

4. 豫剧大师——常香玉。

（五）表演全曲。

最后，让我们怀着对花木兰、对常香玉大师的敬仰，一起来表演《花木兰羞答答施礼拜上》唱段。

（六）结课。

戏曲艺术凝聚着我国传统文化的美学精髓，今天，我们只是粗略地感受了"常派"艺术的魅力，希望同学们以此为起点，不断深入探索、学习戏曲知识，更好地去领略戏曲艺术之美。

思考与实践

一、对照音频课例，你认为本节课的优缺点在哪里？请给予客观评价。

二、总结本节课例值得学习的地方，并将其融入自己的教学实践中展示给学生。

课例音频

对花

（九年级）

授课教师：魏芳（焦作）

单位：焦作市第二十六中学

一、教材分析

黄梅戏《打猪草》由"二小"组成，人物是陶金花、金小毛，一个打猪草，一个看竹笋。陶金花在打猪草时，拔草用劲过大，不小心碰断了金小毛家两根竹笋，慌忙用草将笋盖上。这时，在树上看笋的金小毛看见了，认为她有意偷笋，踩破了她的篮子。陶金花哭着拉金小毛去见妈妈，要他赔篮子。金小毛无奈，将舅母让他买盐的二百文钱赔给她。陶金花知道事情的来龙去脉后不要金小毛赔了，说："只要心意好，人好水也甜"，金小毛又把断了的竹笋一起送她，陶金花提不动，金小毛又帮着她送到家里。一路上边走边唱盘歌《对花》，什么花都问遍了，回到家中见金花妈妈不在家，金花自己动手打了三个鸡蛋，做了一碗炒米招待小毛，小戏在欢乐的气氛中结束。

剧中所表现的青春的活力、逗趣的语言和优美的曲调，使人如沐春风、亲切感人。

《对花》是黄梅戏《打猪草》中的著名唱段，以对唱的形式问答，趣味式的唱词深受大众喜爱。该唱段唱腔属于黄梅戏花腔类，上下句对答的曲式结构。个别较长的拖腔中有休止符作为顿挫，强化了之后的节拍重音，使演唱更有韵味和活力。在字数不很固定的唱词中间夹杂着"呀嗬儿喂"之类的衬字，一定程度上具有音乐过门的性质，以及排比问答中的最后一句通常要"卖关子"，迟迟不说的感觉，极富趣味性。该唱段为五声徵调式，音程多为级进或小跳，节奏轻快流畅，旋律优美动听。唱段中保留着大量的安庆地方口语和句法，乡土气息浓郁。

二、教学思路及突破

黄梅戏《对花》按照唱腔来说属于"花腔"，即民间小调，富有生活气息，是一首赞美劳动人民智慧的戏歌。它热情欢快，节奏鲜明，结构严谨，采用呼应句式，歌词为问答体，用了一些衬词来烘托气氛。表演的时候采用对唱式。在整个教学过程中，把歌曲教学作为重点，直接运用黄梅戏《对花》的曲调改编的师生问好歌词来导入，从而引出戏曲，进而导入对唱，层层深入，引出《对花》。

本课的两个知识点对唱和装饰音，放在了唱歌的教学中，一方面让学生在学习歌曲的活动中进行对唱，更易系统地了解对唱这一演唱形式；另一方面，两个知识点与"对花调"的风格形式紧密相关，如：曲调中的上滑音正是凸显了其地域色彩的装饰音，演唱时要准确地把握戏曲的地方风格，就必须唱好上滑音。

本课的教学难点在于体会戏曲的地方特色，自主地运用舞蹈来表现戏曲《对花》。在表演唱时要注意用情绪来感染学生、带动学生，并能准确地跟着戏曲的节奏进行表演。

在整个教学活动中，坚持以审美为核心，在潜移默化中培养学生美好的情操和健全的人格。以学生为主体，让学生学习歌曲、表演动作、创编歌词，积极地参与到课堂学习中去。本课让学生了解戏曲文化，弘扬民族音乐，增强民族意识和爱国情操。体现新课标"弘扬民族音乐"的新理念。

三、教学内容

欣赏演唱黄梅戏《打猪草》选段《对花》。

四、教学目标

（一）欣赏、学唱《对花》，感受和体验黄梅戏唱腔的风格特点，了解黄梅戏的起源与发展，并能随音乐模仿演唱第一部分。

（二）引导学生对黄梅戏感兴趣，通过鼓励学生学念、学做、学唱，锻炼学生的表现能力和创造力，激发学生热爱戏曲音乐的感情。

（三）通过感受、体验、合作表演，启发、鼓励学生积极参与唱游音乐实践活动，获得丰富的情感体验。

五、教学重点难点

重点：培养学生对黄梅戏这一地方剧种产生兴趣；会唱黄梅戏《对花》第一

段；在听赏、演唱、表演等音乐活动中获得愉悦的情感体验。

难点：初步掌握黄梅戏的唱腔特点、表演方式，能够有感情地唱准《对花》中的难点乐句。

六、教具准备

多媒体、钢琴。

七、教学过程

（一）师生问好导入。

教师用《对花》旋律演唱改编的戏词，问好导入。

"同学们你们好，今天我们来上音乐课。唱的什么调？说的什么词？请你们来猜一猜这是什么歌，歌里什么人？讲的什么事？作的什么曲儿？此歌叫作，呀嗬儿呀嗬儿喂呀……叫作什么歌？

1. 提问：老师唱的是歌曲还是戏曲？是戏曲里的哪个类别？

出示课件，学生回答。

2. 教师总结：同学们，从你们的回答中可以看出，戏曲的种类很多，有京剧、豫剧、越剧、黄梅戏等，刚才老师表演的就是同学们所说的黄梅戏。我们的祖国从南到北每个地区都有自己独特的戏曲文化，黄梅戏是安徽省很有特色的戏曲剧种。今天老师就带领大家走进安徽，一起感受黄梅戏的独特韵味。

设计意图：设置情境导入，开展多元化的音乐活动，通过教师的表演，带领学生体验黄梅戏的韵味，调动学生学习的兴趣，激发学生的思维，领略黄梅戏的独特魅力。

（二）了解黄梅戏。

黄梅戏又称黄梅调、采茶调，因发源于湖北黄梅县而得名，发展壮大于安徽安庆，采用安庆方言演唱和念白，曾被称为怀腔、皖剧，与京剧、越剧、评剧、豫剧并称为中国五大剧种。黄梅戏的表演质朴细致，以真实活泼著称。2006 年经国务院批准列入"第一批国家级非物质文化遗产名录"。

设计意图：总体概括了解黄梅戏，拓宽学生的知识面。

（三）初听《对花》，了解剧情引入课题。

1. 带着问题欣赏视频。

（1）作品的演唱形式是什么？

（2）作品主人公是谁？

（3）作品讲述了什么故事？

2. 听辨、选图：聆听音乐，观看三幅黄梅戏剧照，判断听到的音乐是哪幅图里的角色演唱的，为什么？

学生：第二幅。通过图片内容判断（田埂、猜谜、少年、童趣）。

聆听音乐引出课题《对花》。

3. 歌曲的演唱形式，根据音乐做出选择。

独唱、齐唱、对唱。

4. 剧情介绍（见教材分析）

设计意图：一是黄梅戏剧照和选段同时进入，视听结合，较容易把学生带入欣赏意境；二是用听辨、选图的方法，可激发学习挑战的欲望；三是调动生活经验，去感受唱段的情绪风格、了解演唱人物与环境；四是了解《打猪草》剧情。

（四）学唱《对花》。

1. 完整地欣赏全曲，引导学生说出演唱情绪。

2. 聆听第一段，找出安庆方言发音的字：埂（gen）、棵（kuo）、么（mo）等，体会其风格韵味。

3. 学唱第一句。

（1）随老师跟琴学唱第一句。

（2）复听，找出难点。

（3）各个击破，再连起来唱。注意第一节后面休止符完全停住，唱出第二节和第三节开始的节拍重音，然后再连贯演唱，全句要唱出韵味，讲解说明戏曲中常用的拖腔。请个别同学演唱，教师点评。

（4）跟琴演唱全句，注意装饰音和切分节奏。

4. 学唱中间几句。

（1）用对答问话的语气及安庆方言来演唱。

（2）采用教师示范教唱。

（3）教师弹琴，学生聆听默唱，注意音高。

（4）学生跟琴演唱，注意装饰音和附点节奏。

（5）教师弹奏任一乐句，请学生听唱，提高学生的听辨能力和演唱胆量。

（6）思考并回答。

教师：如果撇开戏剧场景的需要，我们平常演唱《对花》时，陶金花唱的第一句可不可以改成两人合唱，为什么？

学生：（可以，因为第一句是交代人物、地点和事件的，还没开始猜谜。集体演唱第一句，然后分组对唱中间几句，体会前后不同的表达功能。）

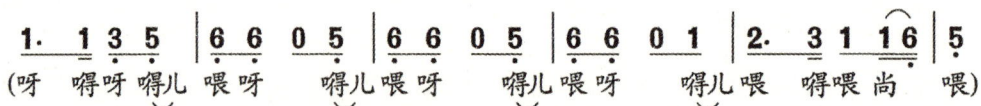

1. 1 3 5	6 6 0 5	6 6 0 5	6 6 0 1	2. 3 1 1 6	5
（呀 嘚呀嘚儿	喂呀	嘚儿喂呀	嘚儿喂呀	嘚儿喂 嘚喂尚	喂）

5. 单独学唱长串衬词部分。注意唱出风趣顽皮、诙谐幽默的感觉。

教师：衬词乐句"呀嘚呀嘚儿喂呀嘚儿喂呀"在此起什么作用？能不能去掉？

师生交流：起到间奏的作用，同时表现出猜谜时，一连串的问题之后需要留出好好思考的时间，还有日常说话时"卖关子"、迟迟不说最后一句的感觉，非常贴切、有趣。如果去掉衬词，整个唱段就显得太平淡。这也是黄梅戏起初作为民间小戏风趣、活泼的基本特点。分组演唱猜谜部分，合唱最后的衬词长句，体会其内在表达的逻辑和韵味。

6. 听唱《对花》第一乐段，教师纠正、范唱、教唱，学生完整演唱第一乐段。

（五）表演唱《对花》。

1. 教师按角色表演唱第一段。

2. 分组演唱。

指导学生演唱《对花》第一部分唱段。师生分角色演唱，男、女生分角色演唱，感受一问一答的幽默和智慧。

3. 观看《对花》的录像。

观看视频，感受戏曲艺术精湛的表演魅力，调动学生模仿学习《对花》表演动作的兴趣。

4. 男女生按角色进行表演。

将学生分成男、女两组，跟着音乐边唱边做动作，个别同学上台展示。

设计意图：通过表演，能更好地理解黄梅戏《对花》的对唱形式，解决教学重难点。

（六）拓展——介绍韩再芬并欣赏《乡音本是黄梅调》片段。

1. 简介韩再芬。

韩再芬，国家一级演员、中国著名黄梅戏表演艺术家。现为安徽省安庆市再芬黄梅艺术剧院（原安庆市黄梅戏二团）院长。1984 年（16 岁）因主演黄梅戏电视剧《郑小姣》一举成名。她在舞台上扮相俏丽、嗓音圆润、表演细腻，具有大家风范，并力倡黄梅戏革新。她还成立了韩再芬黄梅艺术基金会，旨在为黄梅戏的传承与发展培养人才。

2. 欣赏《乡音本是黄梅调》。

在一代又一代艺术家的努力下，现在黄梅戏走出国门，已经受到越来越多人的喜爱，具有黄梅戏元素的歌曲也成为当下的流行金曲。聆听韩再芬演唱的具有黄梅戏元素的歌曲《乡音本是黄梅调》。

黄梅戏所表达的情感承载了中华民族对美的认识，展现了东方文化的美。迄今为止，安徽已举办了多届黄梅戏艺术节，成为安徽的文化符号之一。

（七）作业布置——创编歌词。

师：根据今天的音乐课情境，请同学们课下创编几句歌词互相交流。教师示范演唱。

"亲爱的同学们，今天一起上课乐开花，学了黄梅戏，唱了对花调，欢聚一堂大家共出彩。我来把戏唱，你来把舞跳，我们默契高。弘扬国粹呀嘚儿呀嘚儿喂呀……弘扬国粹靠大家。"

设计意图：一是九年级的学生有一定的思考理解能力，对音乐进行分析、理解，体验效果更好；二是经过分析，厘清了唱词的格律，有利于创编实践的落实；三是创编歌词拉近了学生与黄梅戏的距离，并能活跃课堂气氛，增加学习信心。

思考与实践

一、对照音频课例，你认为本节课的优缺点在哪里？请给予客观评价。

二、总结本节课例值得学习的地方，并将其融入自己的教学实践中展示给学生。

河南戏曲——越调

（高一）

授课教师：张翠芝（许昌）

单位：许昌市建安区第三高级中学

一、教学目标

（一）培养发展学生对越调艺术的兴趣与爱好，激发其参与艺术实践的积极性，提高艺术表现力。

（二）能认真聆听所选的戏曲唱腔，体味戏曲音乐的魅力。

（三）了解越调相关的知识。

二、教学重难点

（一）认识、了解越调申派的声腔特点。

（二）感受越调音调独特的艺术魅力。

三、教具准备

多媒体、钢琴等。

四、教学方法

以口传心授教法为主，欣赏、聆听、讲解等教法为辅进行教授。以"趣"引路，以"情"导航，把课堂变为充满艺术活力的学习乐园。

五、教学过程

（一）导入新课。

师：河南三大剧种是什么？

生：（豫剧、曲剧、越调。）

师：咱们今天就重点了解越调大师申凤梅的一段有名唱段。

设计意图：开门见山，切入主题。

（二）进入新课。

师：（介绍越调）越调是河南省戏曲剧种之一，分南、北两派。南派以南阳为中心，调低，男演员多；北派以许昌为中心，调高，女演员多。2006年，经国务院批准越调被列入"第一批国家非物质文化遗产名录"。

师：刚才老师提到的越调大师是谁？

生：（申凤梅。）

师：申凤梅创立了"申派"唱腔，被誉为"活诸葛"，代表剧目有《收姜维》《诸葛亮吊孝》《空城计》等。今天欣赏的《四千岁你莫要羞愧难当》，是《收姜维》里的唱段。《收姜维》故事梗概：三国时期，诸葛亮北伐中原，攻夺北魏的天水关。赵云在天水关前被围困，这使他十分震惊。后马岱探听归来，诸葛亮得知天水关领兵布阵之将名叫姜维，是一个智勇双全、孝义无双的贤将良才，就决心纳录英才，收服姜维。诸葛亮用计将姜维困在凤鸣山，耐心说服，终使姜维心悦诚服地归降。

师：先了解唱词，一起朗诵《四千岁你莫要羞愧难当》。

设计意图：先从简单的唱词开始，增加学生的学习兴趣。

师：唱词贴近生活，通俗易懂，大多是二二三的七字句和三三四的十字句。

教师讲解：

1. 这是一段脍炙人口、广为流传的唱段，采用［十字头］传统板式，由四节构成。

2. 越调代表性曲调。

3. 注意字的读音。申凤梅拜京剧大师马连良为师，吸收了京剧的声腔、念白等，运用到表演中。

4. 唱中带笑，以声带情。"笑唱"是申派演唱技巧的重要标志。

5. 学唱体验戏曲《四千岁你莫要羞愧难当》（前部分）。

设计意图：学唱体验，感受越调唱腔的魅力。

6. 欣赏申派传承人申小梅表演的《四千岁你莫要羞愧难当》。

声音宽厚有力，唱腔豪放洒脱。

设计意图：了解越调的传承人。

（三）拓展欣赏。

师：许昌也有一位越调表演艺术家，她是谁呢？

生：……

师：她是毛爱莲，越调"毛派"创始人，被誉为"中国越调皇后"。代表剧目有《火焚绣楼》《白奶奶醉酒》《无佞府》等。

设计意图：了解本地区的越调大师，增强学生的自豪感。

欣赏、了解《白奶奶醉酒》中的唱段《适才房中打了一个盹》。

观看视频，欣赏毛派唱腔特点：

1. 儿话音的巧妙运用，使用河南地方方言。

2. 大量的装饰音，似说似唱的风格。

3. 鼻腔共鸣的巧妙运用。

设计意图：通过聆听分辨，加强学生的音乐听辨能力和审美感知力。

（四）总结申派、毛派特点。

申派（申凤梅）：为豪放派。表演真实，动作稳健，吐字清楚，唱腔洒脱自如，唱中带笑，以声带情，行腔婉转，声音宽厚有力，质朴豪放。

毛派（毛爱莲）：为婉约派。唱腔细腻委婉、悦耳动听，似说似唱，耐人寻味，尤其是鼻腔共鸣的运用，更具独到之处。

设计意图：使学生通过总结，提高知识概括能力和分析能力，有利于更好地理解作品内涵。

（五）课堂小结。

戏曲文化博大精深。需要我们年轻一代去关注、了解、继承和发展，希望同学们在学习优秀戏曲传统文化的过程中能够不断开拓创新，使其能够真正发扬光大。

设计意图：增强学生的文化自信。

思考与实践

一、对照音频课例，你认为本节课的优缺点在哪里？请给予客观评价。

二、总结本节课例值得学习的地方，并将其融入自己的教学实践中展示给学生。

课例音频

听罢奶奶说红灯

（高一）

授课教师：周淑芳（焦作）

单位：焦作市温县第一高级中学

一、教学目标

（一）通过欣赏《听罢奶奶说红灯》了解唱段内容，感受铁梅的人物形象并体验其情绪的变化。

（二）理解并掌握豫剧的唱腔特点和作用，及河南方言咬字归韵特点。

（三）结合模仿、演唱、表演、交流，使学生感受豫剧的魅力，并认识到豫剧传承的重要性。

二、教学重点

感受豫剧拖腔、润腔、甩腔的运用及所起到的作用。

三、教学难点

调动学生学习参与的积极性，尝试《听罢奶奶说红灯》的表演唱，领悟用方言演唱的唱腔韵味及程式化的表演精髓。

四、教具准备

多媒体、表演服饰、红灯、红丝带。

五、教学方法

对比法、欣赏法。

六、教学过程

（一）导入——欣赏戏曲串烧，引出豫剧。

老师：戏曲是中华民族的瑰宝，我国戏曲历史悠久、博大精深，中国的戏曲种类繁多，下面老师请同学们欣赏一段戏曲串烧，大家听一听都是哪些剧种？

学生/老师：（京剧《苏三离了洪洞县》、黄梅戏《树上的鸟儿成双对》、越剧

《天上掉下个林妹妹》、豫剧《刘大哥讲话理太偏》。)

老师：同学们最熟悉的是哪个剧种呢？

学生：(豫剧。)

老师：看来作为河南娃，大家最熟悉的还是我们的家乡戏——豫剧！同学们还知道哪些豫剧名家唱段呢？

学生：(《常香玉》《朝阳沟》《穆桂英挂帅》……)

(二) 新课教学。

1. 整体欣赏——感受形象，引出故事。

(老师表演唱)

老师：今天我们一起欣赏豫剧现代戏《红灯记》中的选段《听罢奶奶说红灯》，同学们看看老师这身行头，正是女主人公李铁梅的形象。今天我们就一起认识一下铁梅，听一听她身上发生的故事。在欣赏的过程中思考两个问题：(1) 李铁梅是怎样的一个人？(2) 她的情绪有怎样的变化？(从唱词、表演及声音力度初步感受)

学生回答 (1)：(坚强、勇敢、孝顺，敢于担当的少女形象)

学生回答 (2)：(一开始的内心独白平静，娓娓道来——情绪激动，接过红灯痛下决心)

老师：像你们一样处于花季年龄的铁梅，在她身上到底发生了什么事情，让她有了那样的意志，瞬间长大了呢？我们一起了解一下《红灯记》剧情。

PPT：抗日战争时期，铁路工人李玉和向游击队传递密电码，因叛徒出卖，李玉和和他的母亲李奶奶、女儿李铁梅先后被捕，他们与宪兵队队长进行了不屈不挠的斗争，李玉和和李奶奶相继牺牲，铁梅继承遗志，将密电码送往游击队，完成了任务。

(过渡语：这样一个人物形象的展现除了文字的力量外，最能感染打动我们的恐怕还是精彩唱腔的演绎，下面我们就来深刻领悟豫剧的唱腔特点，走进人物)

2. 部分欣赏——领悟唱腔、感受情绪。

(1) 学生分别用普通话和方言读唱词，老师分别用普通话和方言对比演唱，感受方言演绎豫剧唱腔的韵味。

老师：请同学们一起慢速朗读第一句的唱词，老师按照你们的语调给大家演唱。（普通话范唱）

老师：身为河南的娃，老师请同学们用河南话再读一次。（方言范唱）

老师：两次的演唱区别在哪里呢？作用是什么？

学生：（"说"字音调不一样，豫剧唱段中旋律的音调贴近河南方言，这样才能更好地品味与演绎豫剧的唱腔韵味。）

老师：下面请同学们听一听以下几个乐句，哪个字的音调贴近河南方言呢？（老师总结）

（2）学生听"鬼子兵"和"担风险"这两句，找咬字归韵特点。

学生：（"兵"字最后"ing"了很长时间，"险"字"an"了很久）

老师：对，这是豫剧咬字归韵的讲究，字头、字腹、字尾都要清晰唱出。

（3）教师对比演唱，引出唱腔，学生感受三种唱腔的情感韵味及作用。

老师：老师给大家唱"为的是救中国救穷人打败鬼子兵"一句，同学们听一听两次演唱区别在哪里。

学生：（第二次"兵"字甩了两下。）

老师：对，这种唱法叫甩腔。这个"兵"字除了甩腔，还用了润腔和拖腔。我们从字面意思怎么理解"甩""拖""润"呢？

分成两组：两位组长用彩带表示出甩、拖、润，其他同学可以用手势表示出来。

组长：（拿彩带）"润"把彩带抖动起来，"拖"摸着彩带成为横线，"甩"让彩带甩起来。

组员：（手势）"润"双手缠绕画圈，"拖"画一条直线，"甩"画抛物线。

老师：请同学们用刚才总结的动作随着老师的演唱表示出来。

老师：这种润腔、拖腔、甩腔的使用有什么作用，比如这个"兵"字？

学生：（增加人物的戏剧性，将铁梅对鬼子兵恨之入骨、咬牙切齿的状态展示得一览无余。）

老师：所以把握好豫剧方言演唱、咬字归韵，以及润腔、拖腔、甩腔，才能更好地表现出豫剧的唱腔韵味。说得好不如唱得好，下面我们就进行一个乐句的学习。

（老师教唱："为的是救中国救穷人打败鬼子兵"唱句）

提示：学生们在演唱过程中除了学会旋律，更要把握音准和演唱情绪。

（三）拓展。

师生同台——走近人物、体悟精髓。

（过渡语：唱得好不如做得好，接下来我们一起体悟动作表演）

1. 学生用河南方言朗读唱词并做动作。

（1）用河南方言喊口号，感受对鬼子的仇恨。

（2）一边喊口号，一边做动作。

老师："救中国"摊开右手，"救穷人"摊开左手，"打败鬼子兵"双手向右做双晃手，握紧拳头，身体起伏要在拍子上，表现出对日本鬼子的痛恨和决心。

2. 请两位铁梅上台展示，师生总结。

（1）内心的信念感，告诉自己"我就是李铁梅，李铁梅就是我"。

（2）理解演唱这句时的情绪。

（3）注意眼神和面部表情。

（4）所有的动作均在节拍上。

3. 所有学生自由设计边唱边展示。

（四）课堂总结及升华。

同学们身临其境的表演，让我们体会到现在美好生活的来之不易，学习戏曲也是在继承我们中华民族优秀的艺术瑰宝，弘扬民族精神，我们借《红灯记》向那些为新中国成立而牺牲的革命先烈致敬！

思考与实践

一、对照音频课例,你认为本节课的优缺点在哪里? 请给予客观评价。

二、总结本节课例值得学习的地方,并将其融入自己的教学实践中展示给学生。

课例音频

听乡音，诉乡情——二夹弦

（高一）

授课教师：马珂（开封）

单位：开封高级中学

一、教学目标

（一）学习二夹弦艺术的相关知识，基本会唱二夹弦作品《绣红旗》片段，感受其唱腔"大口小腔，连绵优美"的艺术风格。

（二）通过欣赏、体验和探讨等方法，掌握二夹弦的吐字、唱腔和韵味。

（三）了解开封二夹弦传承人田爱云的传承经历，体会非物质文化遗产的珍贵艺术价值，明确传承的重要意义，树立正确的传承理念。

二、教学重点难点

学唱剧目片段，体验开封二夹弦的唱腔特点。

三、教学创新

戏曲课教学是高中音乐课堂教学中比较难以开展的一个内容，在特定的年龄和心理背景下，高中生的独立意识较强，对喜好的艺术类型有自己的想法。在教学过程中，采用教师范唱、多媒体欣赏、学唱唱段、分组讨论等方法，让学生自己总结出二夹弦的唱腔特点，然后从非遗的意义入手，建立学生的传承意识，从而达到引导学生建立文化自信的最终教学目的。

课堂上还特意安排了开封二夹弦非遗传承者田爱云的演唱唱段欣赏，让学生感受到大师就在身边，非遗就在身边。这节课针对高中生设计的探讨环节，目的在于引导学生体会非物质文化遗产的珍贵，树立正确的传承观念。整节课的教学环节设计简单明了、节奏紧凑，充分发挥学生的主体作用，在教师的引导下完成课堂教学，让学生实实在在地有所收获。

四、教学过程

（一）导入。

河南最具有代表性的地方剧种是豫剧，豫剧发源于开封的祥符调，开封是一座八朝古都，文化底蕴深厚，被戏曲史专家称作"中华传统戏曲摇篮""中华戏曲之都"，身为开封人，今天我要带大家走进开封的另一种地方戏——二夹弦。请大家随我一起听乡音，诉乡情。（多媒体出示课题）

（二）新课。

1. 二夹弦简介。

二夹弦，是中国传统戏曲剧种之一，也是稀缺剧种之一，至今有300多年的历史。

关于二夹弦的由来，有这样一个传奇故事：清朝嘉庆年间，山东濮州有一姓明的秀才，虽然家境贫困，但他酷爱诗歌，精通音律，一日，他听到女儿纺花时哼唱的小调与纺花的声音交织在一起，美妙悦耳，十分动听，于是便把谱子记录下来，教女儿唱。后来因遭天旱，父女俩南下逃荒，沿途唱着他编的小调乞讨，所到之处很受欢迎。这就是最初的纺棉小调。后来在花鼓丁香、大五音和四股弦的基础上，经过老一辈艺术家一代又一代的努力，才逐步形成今天的二夹弦。主要流行于山东西部、河南东部和北部、江苏北部、安徽北部一带，而开封曾是"二夹弦"发展最辉煌的地方。

二夹弦的名字源于它的伴奏乐器——四胡，即四弦胡琴（出示图片），外观跟二胡很像，四根琴弦，每两根弦夹着一股马尾拉奏，当地方言习惯称它为"二夹弦"。由于二夹弦沿用中国民族五声调式，所以也叫"大五音"。

2. 二夹弦的伴奏乐器。

（1）武场常用的有锣、鼓、铙钹、板子等打击乐器，用来表现节奏、力度、速度等音乐要素。

（2）文场伴奏乐器是以传统乐器中被称为"大三件"的四弦、坠琴和柳琴为基础的乐器组合，四弦就是四胡，中华人民共和国成立后柳琴则由琵琶代替。其他中国民族乐器中的旋律乐器都可以根据作品需要加入。

3. 听唱段（教师范唱），对比豫剧与二夹弦的旋律不同之处。

欣赏豫剧《谁说女子不如男》和二夹弦《绣红旗》。

豫剧为直线型旋律；二夹弦为曲线型旋律。相比之下二夹弦的旋律更连贯、柔美。

4. 学唱《绣红旗》片段，体验唱腔特色。

（出示词、谱）

（1）采取中国传统口传心授的方式学唱，在学唱过程中逐步解决旋律进行、节奏节拍、吐字、唱腔等难点。

（2）总结二夹弦的唱腔特点。

二夹弦的唱腔朴实大方、优美动听，用开封方言发音，在演唱上以大本腔（真嗓）吐字，以二本腔（假声）拖腔，俗称"大口小腔"，这样就形成了二夹弦唱腔咬字清晰、尾声华丽的特点。在开封，人们把二夹弦称作"半碗蜜"，足见对这种唱腔的那种连绵、甜美韵味的喜爱。

（3）欣赏开封传统二夹弦作品《十八相送》。

5. 开封二夹弦非遗传人——田爱云。

2007年二夹弦被列入"国家级非物质文化遗产名录"，田爱云成为开封二夹弦的非遗传承者。田爱云，1941年9月生，8岁进二夹弦剧团当学员，并拜二夹弦第四代传承人李学义、张素云等人为师。多年来，为了抢救这一濒危传统艺术，田老师经历了许多曲折，为了传承二夹弦几乎倾家荡产，尽管如此，这位老艺术家仍然执着地坚守着。

在田爱云的不懈努力下，2018年10月21日，开封市二夹弦戏曲博物馆成立并对外开放了，田老师终于有了一个真正属于"二夹弦"的小院。在那里陈列着曾经陪伴她几十年的乐器、戏服、道具，一张张图片讲述着二夹弦从雏形到辉煌直至没落的过程。如今，这个院子里经常会有演出、讲座，各种参观和学习的人时常到来，更有许多学生在老师的带领下在这里开展社团活动。

（三）探讨。

中国地方戏曲的存在意义是什么？如何传承？（学生分组讨论后回答，教师总结）

众多的地方剧种，实际上就是中国的乡村音乐，它们各具特色，保存了丰富多彩的原生态艺术和区域本土文化，是不可再生的音乐文化活化石，对于中国文化发展具有不可替代的重要意义。

从央视的《经典咏流传》，到河南卫视的《梨园春》，再到走出国门，从中我们不难发现，非物质文化遗产的传承需要在保留传统的基础上，遵循古典为体、现代为用的原则，在国际舞台上获得成功的青春版昆曲《牡丹亭》就是一个很好的例子。只有不断推陈出新，使其符合当今人们的审美，才能被大家所喜爱和接受，从而真正做到传承。

（四）总结。

同学们，今天我们一起走进了开封的二夹弦，了解了这种濒临失传的传统艺术，我们一起学唱了韵味十足的二夹弦唱腔，认识了四胡这种乐器，也被传承者田爱云对开封二夹弦的那份执着所感动。

非物质文化遗产的传承是每个中国人肩上都有的责任，这需要我们守护好这些珍贵的财富，并从传统中汲取营养，尽力让其发芽滋长，焕发新生！

来吧！让我们一起做中华优秀传统文化的守护者和传承者，努力让我们的民族文化以崭新的面貌，自信地站在世界面前！

思考与实践

一、对照音频课例，你认为本节课的优缺点在哪里？请给予客观评价。

二、总结本节课例值得学习的地方，并将其融入自己的教学实践中展示给学生。

课例音频

河洛戏曲之花——河南曲剧

（高一）

授课教师：刘璐（洛阳）

单位：洛阳市第八中学

一、教材分析

河南曲剧是在中原大地上土生土长起来的地方戏曲剧种。它清新淳朴、曲调婉转，深受广大人民群众的喜爱。现如今，它已是河南的第二大戏曲剧种。这一质朴纯美的河洛戏曲之花，已于2006年5月20日，经国务院批准被列入"第一批国家级非物质文化遗产名录"。

二、教学目标

（一）引导学生从聆听、欣赏、模仿、学唱等教学环节中，感受和体验河南曲剧的独特魅力。

（二）通过赏析，引导学生认识了解河南曲剧中的曲牌，并感受［哭阳调］［慢垛］两种风格不同的曲牌。初步理解河南曲剧为什么属于曲牌连缀体。

（三）通过本课学习，使学生感受到地方戏曲的独特魅力，激发学生的学习兴趣，通过用方言有节奏地念诵唱词，加上戏曲独特的拖腔、甩腔与音乐情绪的把握，学唱传统剧目《风雪配》片段，使学生真切感受到河南曲剧所独有的艺术魅力，加深学生对河南曲剧的兴趣与了解。

三、教学重点

（一）引导学生认识、了解河南曲剧中的曲牌，感受［哭阳调］［慢垛］不同的风格，了解曲牌连缀体。

（二）有感情、有韵味地学唱传统剧目《风雪配》片段，感受河南曲剧的独特艺术魅力。

四、教学难点

学唱《风雪配》片段。

五、教学过程

（一）导入。

老师演唱《风雪配》片段，引出本课主题：河南第二大剧种——曲剧。

设计意图：老师演唱引发学生兴趣，引出本节课的主题。

（二）新课。

1. 初识河南曲剧。

简单了解河南曲剧的形成发展经历：坐堂弹唱——上跷踩唱——登台演唱三个重要的阶段。

2. 对比欣赏《陈三两》和《小姑贤》片段。

（1）通过对两个片段的欣赏，引导学生发现河南曲剧生活化、方言化的语言特色。并对比分析出剧中人各自的唱腔特点。

剧中人	行当	唱腔特点
陈三两	旦	曲调婉转，多真声演唱
儿媳	旦	旋律性强，曲调婉转，真假声结合
婆婆	旦	说唱结合，生活气息十足

（2）引导学生发现两个片段中所拥有的同一段旋律，引出并简单了解曲牌，从而使学生明白刚才这段同样的旋律就是曲牌的一种——［哭阳调］，引导学生感受并体验［哭阳调］的唱腔特点。以及曲牌对整个唱段音乐情绪的影响。

3. 欣赏、学唱《风雪配》片段。

《风雪配》一改前两段的唱腔，不再悲痛欲绝，而是节奏明快。这里所用的曲牌是［慢垛］。明明是节奏明快，可为什么叫［慢垛］呢？因为［慢垛］的旋律并不只用于此，它可以根据剧情的变化来改变节奏。此处高家小姐表现的是内心的喜悦和羞涩，适合用快速；根据剧情的需要也可以拉慢节奏，用于一些叙述性的，乃至悲伤的剧情之中。

对《风雪配》片段中人物的性格有一定的把握之后，引导学生感受、体验唱段的旋律美。学习戏曲唱段，首先要用方言念唱词，然后借助钢琴，逐句教唱，注意

音乐情绪的把握和个别字词的艺术处理。

（三）拓展实践。

引导学生分组对《风雪配》片段进行动作的编配，最终完整呈现。在创编动作的同时，重复播放《风雪配》片段，可让学生一边巩固一边创新，对最终的展示环节起到了非常好的推进作用。

（四）课堂小结。

我们身为河南人，有义务、有责任去保护与传承我们的河南曲剧。曲剧的朴实、纯美打动着每一位喜爱它、热爱它的人。也希望大家能够带动更多的人去关注、传承、发扬曲剧，好让这朵河洛戏曲之花在百花园中开得更加绚丽多姿！

六、作业要求

课下请同学和家人一起选择一出河南曲剧，完整欣赏。

七、教学思路与突破

现在的学生对戏曲文化的了解并不很多，不是因为听过看过后才发觉自己不喜欢，而是因为传统戏曲文化离他们太远，不愿意也没兴趣去发现它的美。所以，现在急需老师去引导，激发学生学习戏曲的兴趣。

在本课的设计过程中，我总结出以下几点心得：

（一）要有老师精彩的示范，来引起学生的兴趣。

（二）要选择特点鲜明的唱段，能让学生从中感受并回答出老师提出的问题，让学生有自我成就感，并有和老师互动的认同感。

（三）不能只停留于书面文字的解读，要调动起学生的积极性，引导鼓励学生唱一唱、演一演，真真切切地去体会曲剧所独有的艺术魅力。

（四）学会一个唱段不是目的，让更多的人去关注、去了解这门艺术才是最重要的。希望通过本课的学习，学生们可以对河南曲剧产生一些兴趣，并能带动身边人去关注它、了解它！

思考与实践

一、对照音频课例，你认为本节课的优缺点在哪里？请给予客观评价。

二、总结本节课例值得学习的地方，并将其融入自己的教学实践中展示给学生。

河南文艺音乐
戏曲教育平台

后记

　　"戏曲讲堂"是为戏曲进校园策划的系列丛书，旨在通过多媒体融合的方式，用视、听、教、学等多种手段，使戏曲能够真正走进学校课堂，为戏曲文化的传承和发展服务。

　　《戏曲讲堂·河南省中小学戏曲教学课例选编》是"戏曲讲堂"系列丛书中的一种，从小学二年级到高一，总共选录了41节戏曲教学课例，除了京剧、戏曲知识外，重点为河南地方戏曲内容。

　　课例教案的编写体现了教师设计教学的风格特点，因此在编辑过程中，在保持格式基本统一的前提下，除了对不当的语言表述进行适当的删减和修改外，尽可能保持教案的原貌，以便给读者提供原始的学习资料。

　　在编排设计上，每节课例的标题页均有本节课例的音频二维码，以供读者下载学习。为了体现教学的真实性和灵活性，所录制的现场课视频以原貌呈现，因此与教案不一定完全一致，特此说明。视频课例可扫描二维码关注"河南文艺音乐戏曲教育平台"获取观看。

　　另外，每节课例教案后均设有"思考与实践"，目的是让读者在学习、研究时有的放矢、学有所得，并从中吸取经验教训，为不断提升自己的教学服务。

编者